100 EJERCICIOS Y JUEGOS
seleccionados de
iniciación al
VOLEIBOL

Olaya Hernández Pinilla
María Repullo Moreno
David Blanco Luengo

Título: 100 EJERCICIOS Y JUEGOS SELECCIONADOS DE INICIACIÓN AL VOLEIBOL
Autores y autoras: Olaya Hernández Pinilla, María Repullo Moreno, David Blanco Luengo, José Fco. Wanceulen Moreno, Antonio Wanceulen Moreno

Editorial: WANCEULEN EDITORIAL
Sello Editorial: WANCEULEN EDITORIAL DEPORTIVA

ISBN (Papel): 978-84-18486-28-9
ISBN (Ebook): 978-84-18486-29-6

DEPÓSITO LEGAL: SE 1292-2020

Impreso en España. 2020

WANCEULEN S.L.
C/ Cristo del Desamparo y Abandono, 56 - 41006 Sevilla
Dirección web: www.wanceuleneditorial.com y www.wanceulen.com
Email: info@wanceuleneditorial.com

ÍNDICE

INTRODUCCIÓN

Este libro está escrito para aquellas personas interesadas en conocer y aprender acerca del voleibol. Está principalmente enfocado a entrenadores de equipos de iniciación de jugadores/as a partir de 10-11 años, ya que, para la mayoría de los ejercicios, se necesita cierta coordinación, tener desarrollado el pensamiento abstracto y, por lo tanto, ser capaces de entender el juego en equipo, pues antes de esa edad predomina el egocentrismo, algo que no tiene cabida en este deporte que necesita la interacción fluida entre compañeros porque no pueden darle al balón dos veces seguidas. Por ello, partimos de ejercicios básicos que se centran en el aprendizaje y la asimilación de los gestos técnicos.

Nuestro libro contiene una batería de ejercicios agrupados según la técnica, de lo más sencillo a lo más complejo. A pesar de que este deporte contiene gestos muy poco naturales, lo que implica una enseñanza analítica, hemos intentado hacer los ejercicios lo más globales posibles para preparar al jugador de cara a la competición .

Dentro de la explicación de cada uno de los ejercicios encontramos sus respectivas representaciones gráficas como ayuda visual para facilitar la comprensión de estos. Además, hemos querido reflejar una idea de ejercicios adaptables al nivel del equipo o que puedan prestarse a ser el punto de partida para infinidad de variables. Esto ayudará al lector para que sus entrenamientos no resulten monótonos y aburridos, sino que por el contrario sean dinámicos y atractivos, de forma que será más fácil que el jugador muestre interés y se apasione también por este deporte.

El objetivo de este libro no es explicar detalladamente las técnicas de voleibol, pero sí que en el primer ejercicio de cada apartado hemos introducido una pequeña explicación acerca de la postura corporal necesaria para cada técnica con la intención de ayudar a la comprensión por parte del jugador y fomentar el interés por aprender cada día un poco más hasta llegar a una situación real del juego en la que sean capaces de aplicar todos los conocimientos que han aprendido a lo largo de los entrenamientos.

Al final de algunos ejercicios hemos querido añadir un apartado de observaciones para dar algunos consejos personales que vienen inspirados de nuestra propia experiencia como jugadoras de voleibol.

SIMBOLOGÍA

1 1 Jugadores
Conos
Pase o lanzamiento del balón
Desplazamiento jugador
Balón
Aros
Carro de balones
Banco
E Entrenador
Colchoneta
Pelota de tenis
Plinto

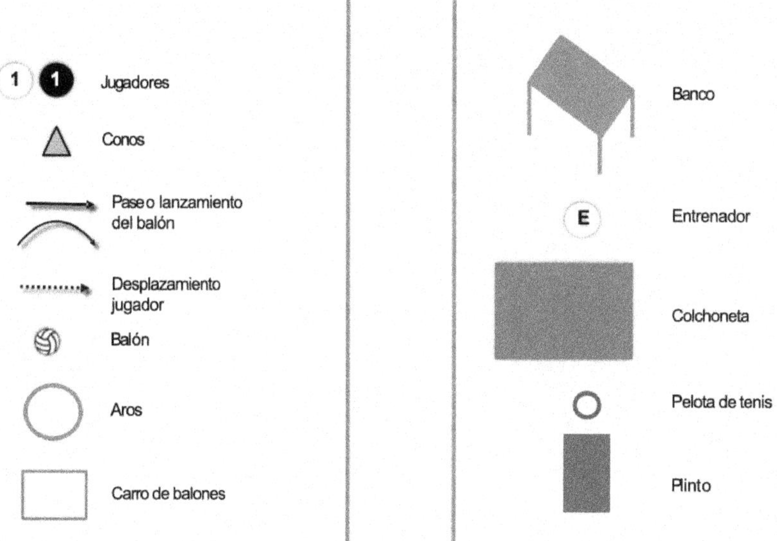

100 EJERCICIOS Y JUEGOS SELECCIONADOS DE INICIACIÓN AL VOLEIBOL

Ejercicio Nº 1	Objetivo Principal	Asimilar la estructura del saque de tenis
	Objetivos Secundarios	Aprender y automatizar la técnica de saque
Medios Técnico-Tácticos	Saque de tenis	
Jugadores	1 jugador	Campo	18x9
Material	Red, 1 balón	Tiempo	10 min

Explicación

El ejercicio consiste en sacar desde detrás de la línea de fondo del campo e intentar meter el balón en el campo contrario.

Posición del cuerpo: pie contrario a la mano con la que voy a golpear el balón ligeramente adelantado y orientado, junto con el resto del cuerpo, hacia el otro campo.

Lo mas importante que el jugador debe aprender, es a lanzarse el balón de manera que, si lo dejáramos botar, caería justo delante del pie adelantado. Esto es clave para golpear el balón y no arquearnos excesivamente, cosa que ocurriría si nos lanzamos el balón hacia atrás.

En el armado del brazo, el codo debe mantenerse alto y la mano firme. Durante el golpeo, la línea de hombros realiza una rotación pasando de un plano paralelo a la línea de red, a uno oblicuo y el peso se desplazará hacia delante. El golpeo se produce por encima de la cabeza.

Observaciones	Una vez que aprenda a sacar no es recomendable dar demasiada información, ni intentar hacer cambios.

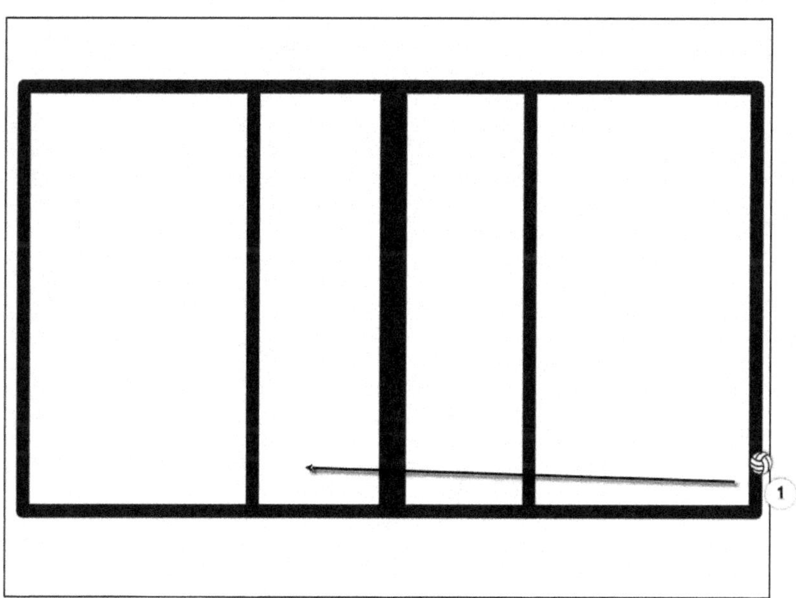

Ejercicio Nº 2	Objetivo Principal	Asimilar la estructura del saque de tenis
	Objetivos Secundarios	Aprender y automatizar la técnica de saque
Medios Técnico-Tácticos	Precisión del saque de tenis	
Jugadores	1 jugador	Campo	
Material	1 balón y pared	Tiempo	10 min

Explicación

El ejercicio consiste en hacer el saque de tenis frente a una pared (3-4 metros)

Distribuimos a los jugadores a lo largo de la pared e individualmente deben realizar el gesto de saque de tenis de forma que el balón impacte en la la zona de la pared delimitada previamente por el entrenador (a una altura suficiente como para que pase por encima de la red).

Observaciones	Si controlan el saque desde la distancia inicial se les pude proponer que se alejen paso a paso de la pared

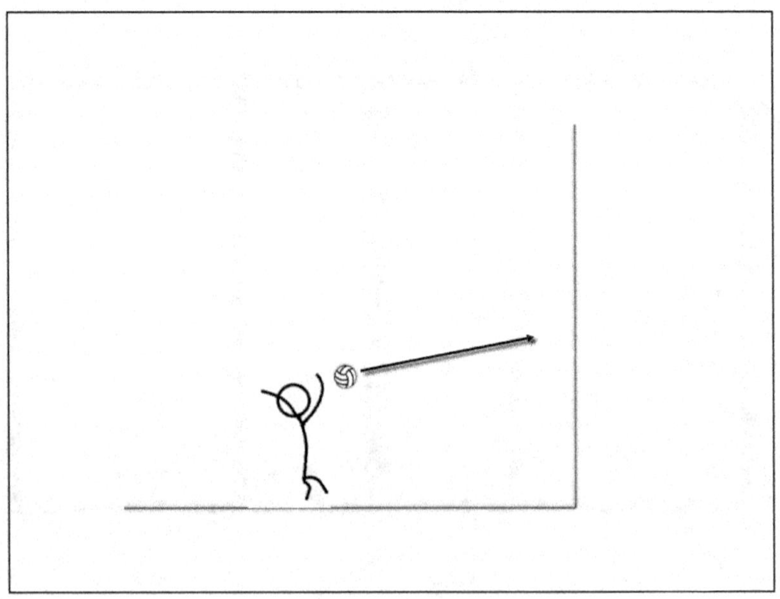

Ejercicio Nº 3	Objetivo Principal	Asimilar la estructura del saque de tenis
	Objetivos Secundarios	Buscar precisión en el saque
Medios Técnico-Tácticos	Saque de tenis	
Jugadores	2 jugadores	Campo	18x9m
Material	1 balón	Tiempo	10 min

Explicación

El ejercicio consiste en sacar al compañero. Por parejas, se van a situar uno en frente del otro (trasversal al campo) a unos 4 metros. Uno de los jugadores sacará y deberá dirigir la bola hacia su compañero. El compañero tiene que coger la bola sin moverse del sitio.

Si sale correctamente la pareja puede ir dejando más distancia entre ambos.

Observaciones	Es importante mantener la mano y la muñeca rígida durante el golpeo, y no centrarse en imprimirle fuerza al balón, sino precisión.

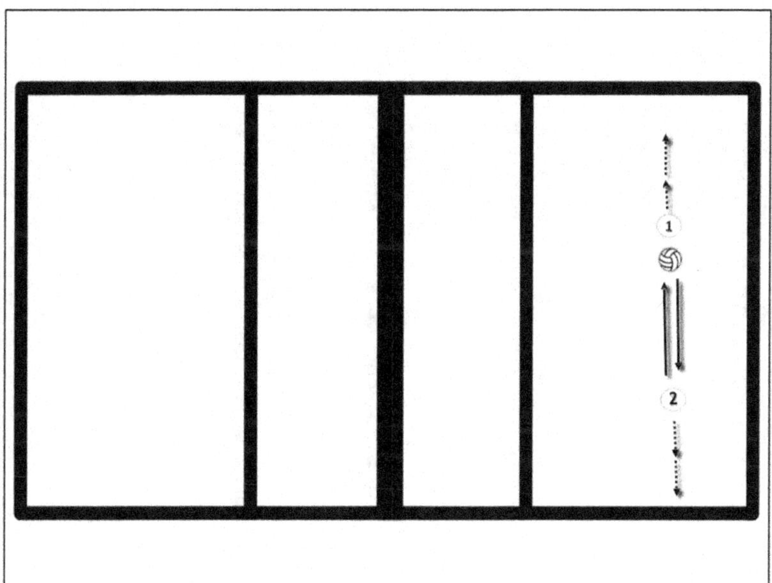

Ejercicio Nº 4	Objetivo Principal	Asimilar la estructura del saque de tenis	
	Objetivos Secundarios	Buscar precisión en el saque	
Medios Técnico-Tácticos	Saque de tenis		
Jugadores	6 jugador	Campo	18x9
Material	6 balón, 2 colchonetas, red	Tiempo	10 min
Explicación			

En este ejercicio se intentará sacar de tenis a unas zonas zagueras determinadas (precisión). Los jugadores deberán sacar desde la zona de saque e intentarán que el balón caiga en las colchonetas situadas en zona I y zona V (alternativamente).

Observaciones	Si no se dispone de colchonetas se podrían utilizar aros, conos, picas, cinta aislante o cualquier cosa que sirva para delimitar la zona.

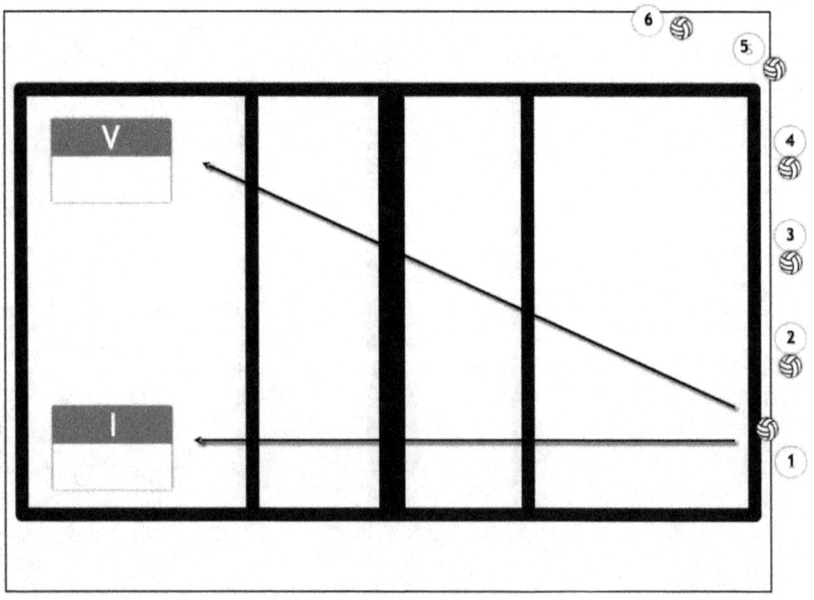

Ejercicio Nº 5	Objetivo Principal	Asimilar la estructura del saque de tenis
	Objetivos Secundarios	Buscar precisión en el saque
Medios Técnico-Tácticos	Saque de tenis	
Jugadores	6 jugadores	Campo	18x9
Material	6 balones, red	Tiempo	15 min

Explicación

El objetivo del ejercicio es trabajar la precisión del saque dirigiéndolo a las zonas en las que se ha delimitado el campo.

El campo se dividirá en 9 zonas y se numerarán de manera desordenada. El jugador deberá sacar a las zonas siguiendo su orden de numeración. También se puede proponer sacar dos veces seguidas a la misma zona. Los jugadores se organizarán en una fila.

Observaciones	Puede ser motivante convertirlo en una competición.

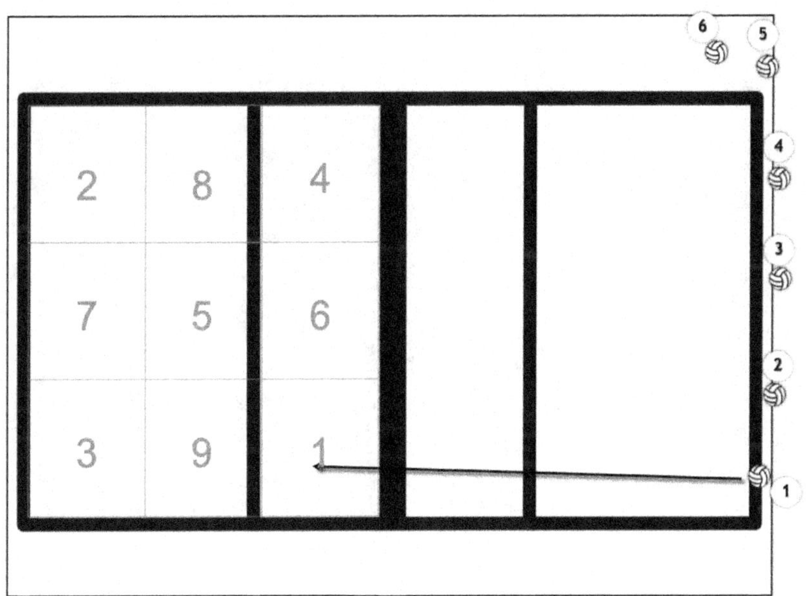

Ejercicio Nº 6	Objetivo Principal	Asimilar el gesto técnico de saque de tenis
	Objetivos Secundarios	Buscar la precisión del saque

Medios Técnico-Tácticos	Saque de tenis		
Jugadores	2 jugador	Campo	18x9
Material	4 conos, 2 balón y una red	Tiempo	8 min

Explicación

Se colocará un jugador en la línea de fondo del campo y otro jugador en la línea de fondo de la otra mitad del campo ejecutando el mismo ejercicio. Una vez colocados con el campo delimitado señalando cual es la parte anterior que será la zona de 3 metros y la parte posterior desde los conos a la línea de fondo que es donde deberán efectuar el saque. Los alumnos deberán realizar el saque de tenis apuntando a cualquiera de las dos zonas. En el caso de tirar a la parte anterior conseguirán 1 punto, si tiran a la parte posterior conseguirán dos y si no cae en ninguna no conseguirán punto.

Observaciones	Es recomendable que se hagan competiciones entre los jugadores/as o que compitan con ellos mismos, y superar su puntuación con cada entrenamiento.

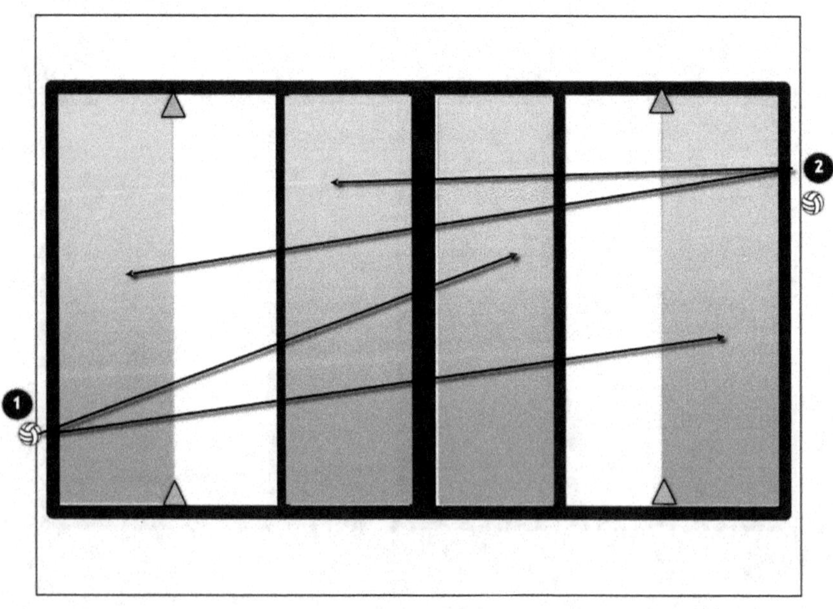

Ejercicio Nº 7	Objetivo Principal	Asimilar el gesto técnico de saque de tenis
	Objetivos Secundarios	Buscar la precisión del saque
Medios Técnico-Tácticos	Saque de tenis	
Jugadores	4 jugadores	Campo	18x9
Material	4 conos, 2 balones y red	Tiempo	8 min
Explicación		

Se colocarán en parejas, un jugador en la línea de fondo del campo y otro jugador en la otra línea de fondo de la otra mitad del campo esperando para recibir el balón y ejecutar el mismo ejercicio. Deben sacar al otro campo que estará delimitado por cuatro conos para señalizar las zonas donde puede caer el balón, en este caso solo alrededor del perímetro del campo. El juego consiste en hacer un saque de tenis a estas zonas y acumular puntos para tu equipo. Esto ocurrirá solo si cae en el perímetro del campo, pero si cae en el perímetro por delante de la línea de ataque se conseguirá 1 punto y si lo hacen en el perímetro de la zona de defensa se conseguirán el dobles de puntos. Cuando acabe el juego se recontaran los puntos de cada pareja.

Observaciones	Se recomienda para jugadores mas avanzados y además se requiere una gran precisión por parte del jugador.

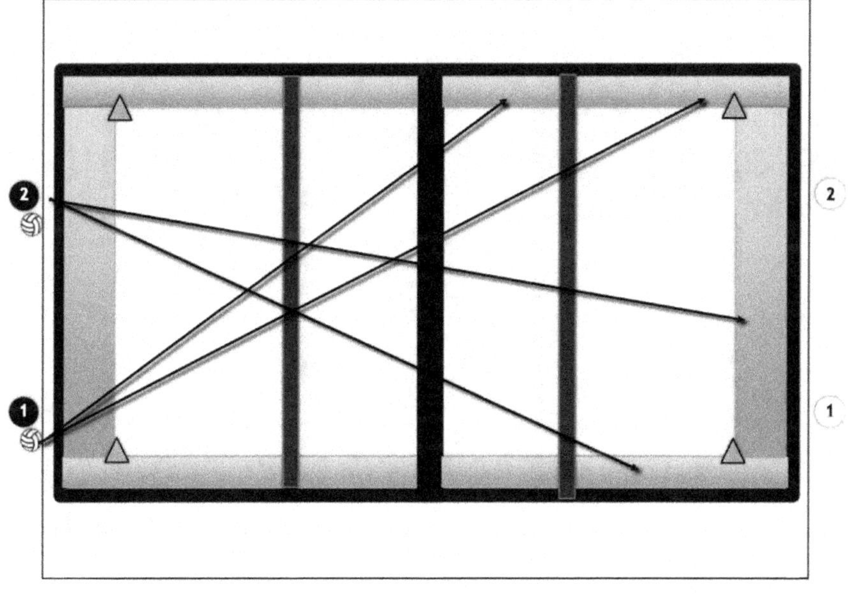

Ejercicio Nº 8	Objetivo Principal		Asimilar el gesto técnico de saque de tenis
	Objetivos Secundarios		Buscar precisión en el saque
Medios Técnico-Tácticos	Saque de tenis		
Jugadores	4 jugadores	Campo	18x9
Material	4 balones, 6 conos y la red	Tiempo	7 min
Explicación			

Se colocarán 2 jugadores/as en la línea de fondo del campo y los otros 2 jugadores/as en la otra línea de fondo de la otra mitad del campo ejecutando el mismo ejercicio. Se debe colocar en una fila de dos personas la primera efectua el saque de tenis con el objetivo de intentar derribar unos de los tres conos colocados en la zona del fondo de pista. Cuando saque inmediatamente tendrá que recoger su balón e irse a la fila del campo contrario para efectuar otro saque. Una vez que haya terminado el tiempo del ejercicio deben recontar individualmente los conos que han derribado. En el caso de no haber derribado ninguno deberá ponerle sus propios compañeros un reto.

Observaciones	Recomendar que no se deben hacer filas con muchos jugadores para que no estén esperando y el juego sea más dinámico.

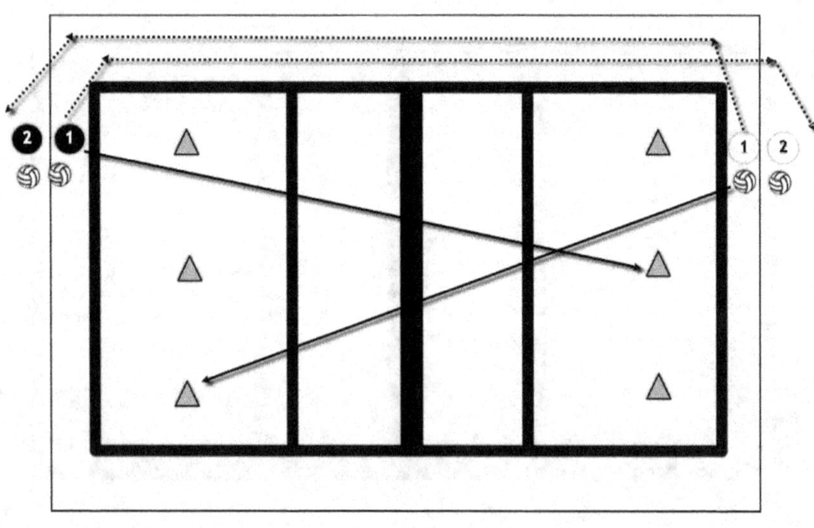

Ejercicio Nº 9	Objetivo Principal	Asimilar el gesto técnico de saque de tenis
	Objetivos Secundarios	Buscar precisión en el saque
Medios Técnico-Tácticos	Saque de tenis	
Jugadores	12 jugadores	Campo	18x9
Material	6 balones	Tiempo	7 min

Explicación
Se colocaran los 12 jugadores/as en parejas de dos, repartiéndose en tres parejas en cada campo. Cada pareja deberá estar colocada una enfrente de la otra a una distancia de unos 10-12 metros y sobre la línea laterales de la pista. Cuando el entrenador lo ordene deben efectuar el saque de tenis a su compañero/a de enfrente y este una ve recibida la pelota deberá efectuar el mismo gesto. Intentando siempre que caiga lo mas cerca de su compañero. Una vez asimilado el gesto con bastante precisión, es decir que la pelota llegue justo a su compañero aumentaremos la distancia a 14-15 metros.

Observaciones

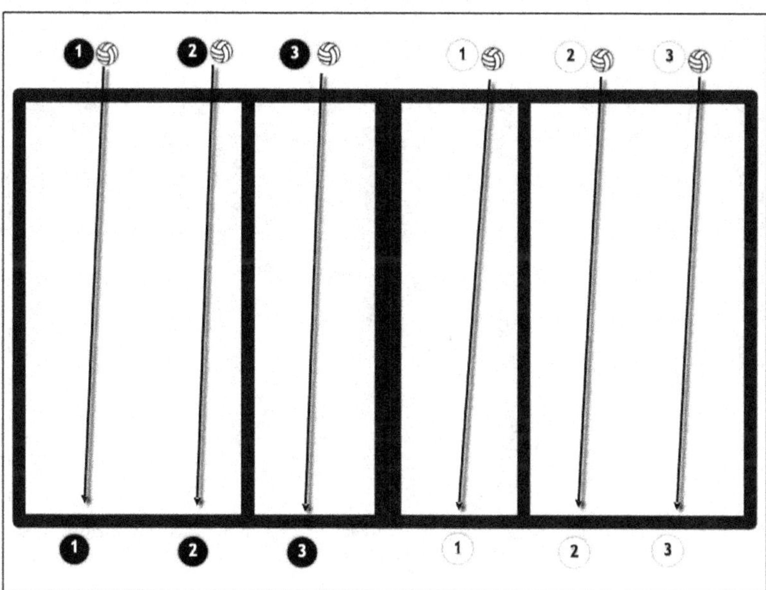

Ejercicio Nº 10	Objetivo Principal	Asimilar el gesto del saque de tenis
	Objetivos Secundarios	Buscar coordinación y precisión del saque
Medios Técnico-Tácticos	Saque de tenis	
Jugadores	12 jugadores	Campo	18x9
Material	6 balón y red	Tiempo	8 min

Explicación

Los 12 jugadores/as estarán colocados por parejas un enfrente del otro separados por la red de voleibol. La distancia entre el jugador/a y la red deberá ser unos tres metros que vendrá marcada por la línea de ataque.

Cuando el entrenador de comienzo al ejercicio, primero ejecutaran el saque de tenis por encima de la red los jugadores/as de una mitad del campo y después lo efectuara los jugadores/as de la otra mitad del campo. Cuando hayan sacado los dos componentes de la pareja, se rotara hacia la derecha, excepto el último que pasara por la derecha al campo contrario y así cambiaran de compañero. Una vez asimilado el gesto con gran precisión se aumentaran unos metros la distancia de saque.

Observaciones

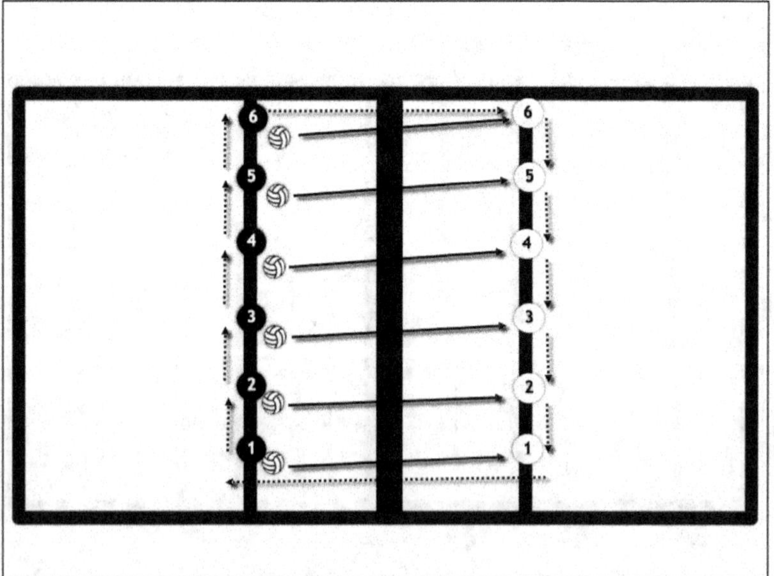

Ejercicio Nº 11	Objetivo Principal	Asimilar el gesto del saque de tenis
	Objetivos Secundarios	Buscar coordinación y precisión del saque

Medios Técnico-Tácticos	Saque de tenis		
Jugadores	12jugadores	Campo	18x9
Material	10 balones, 4 conos y red	Tiempo	7 min

Explicación

Se formaran dos grupos de 6 jugadores, estando un grupo en cada mitad del campo. Se colocaran 2 filas con 3 jugadores en cada una. El ejercicio consiste en que en una mitad del campo el primero de cada fila, uno ejecutara el saque de tenis y el primero de la otra fila deberá colocarse en el cono dentro de la zona de defensa esperando a recibir el saque de tenis en diagonal del compañero del campo contrario. Una vez recibido el balón pasara a la fila contraria para ejecutar él y el que realizó el saque deberá pasar inmediatamente a la zona de defensa para recibir. Esto se realizará de forma exacta en la otra mitad del campo.

Observaciones

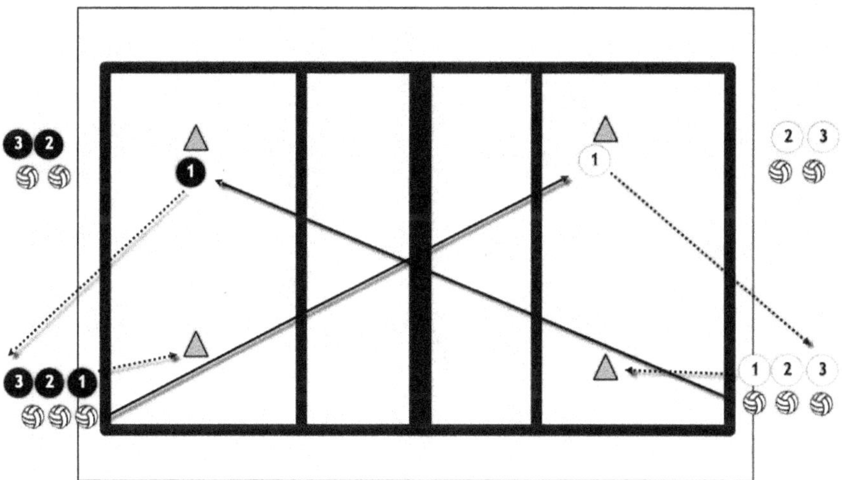

Ejercicio Nº 12	Objetivo Principal	Asimilar la técnica del toque de dedos
	Objetivos Secundarios	Situar el gesto en el espacio-tiempo
Medios Técnico-Tácticos	Pase de dedos	
Jugadores	1 jugador	Campo	18x9
Material	1 balón, red	Tiempo	10 min

Explicación
El jugador de forma individual, (1) lanzará el balón hacia arriba y dejará que bote una vez, (2) tras el bote se meterá debajo de él y realizará un toque de dedos que debe pasar por encima de la red y por último, (3) hará un sprint para recoger el balón al otro lado de la red. En este ejercicio es importante explicar bien la técnica del toque de dedos: pies abiertos a la altura de los hombros, rodillas semiflexionadas, codos flexionados y procurando no abrirlos en exceso, manos en forma de triángulo o rombo. El contacto del balón se realiza a la altura de la frente (dentro del campo visual) y con las yemas de los dedos, nunca con la palma. Al final del gesto debemos terminar completamente estirados, simulando el movimiento de un muelle y el reverso de las manos enfrentadas paralelamente.

Observaciones	

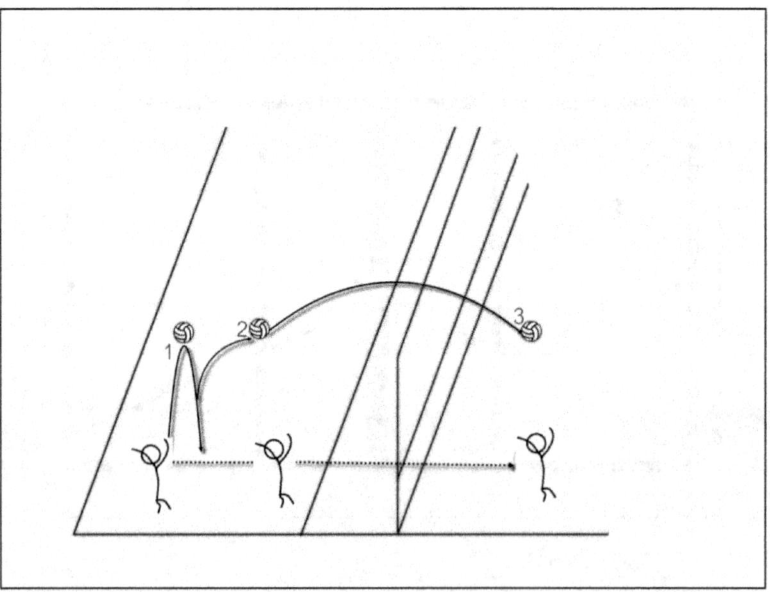

Ejercicio Nº 13	Objetivo Principal	Asimilar la técnica del toque de dedos	
	Objetivos Secundarios	Visión periférica	
Medios Técnico-Tácticos	Pase de dedos		
Jugadores	2 jugadores	Campo	18x9
Material	1 balón, red	Tiempo	10 min
Explicación			

Por parejas uno a cada lado de la red. El que tiene balón (1) bota el balón en el suelo. El que no tiene balón (2) le muestra un número con sus dedos. 1 debe decir cuantos dedos ve y después pasar el balón de dedos a su compañero (2)

Observaciones

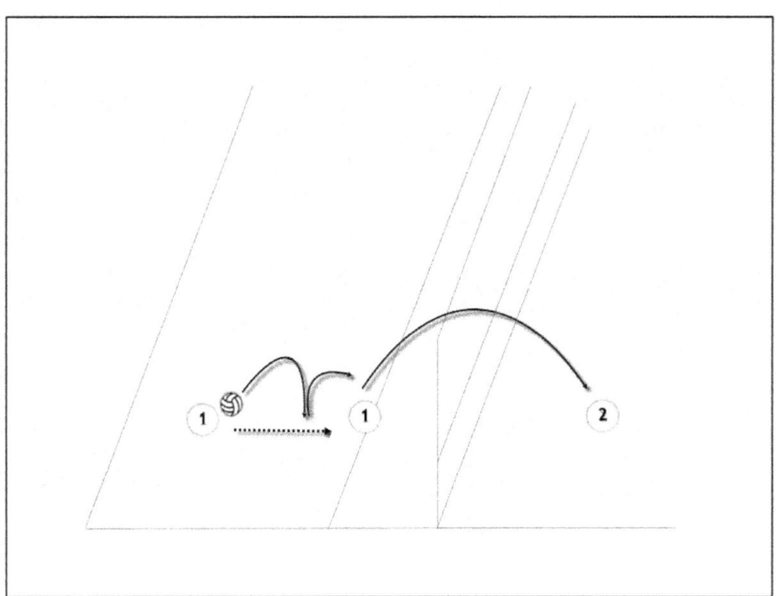

Ejercicio Nº 14	Objetivo Principal	Asimilar la técnica del toque de dedos
	Objetivos Secundarios	Orientación espacial: cálculo de la trayectoria del balón

Medios Técnico-Tácticos	Pase de dedos		
Jugadores	2 jugadores	Campo	18x9
Material	1 balón, red	Tiempo	10 min

Explicación
Por parejas uno a cada lado de la red. El jugador con balón lanza 20 veces el balón al compañero, quien debe devolverlo a las manos del primero realizando un correcto pase de dedos. Tras los 20 lanzamientos se cambian los roles.
Observaciones

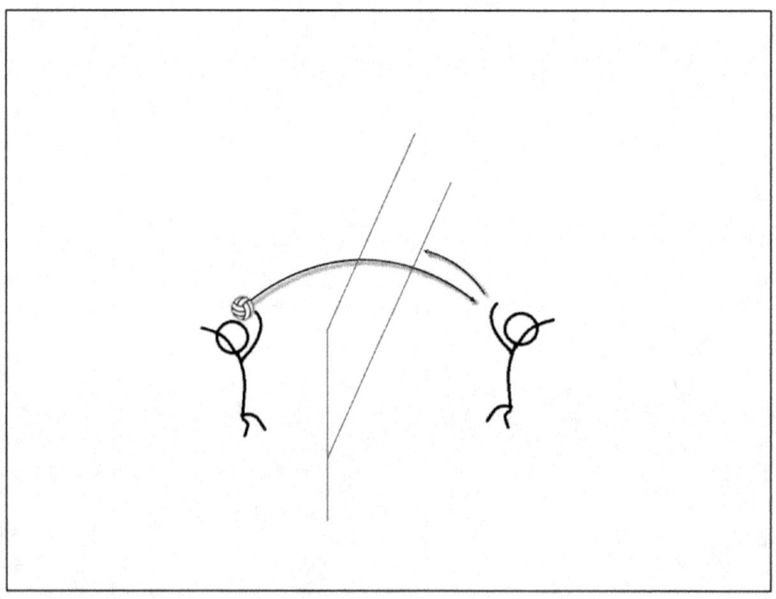

Ejercicio Nº 15	Objetivo Principal	Asimilar la técnica del toque de dedos	
	Objetivos Secundarios	Cálculo de trayectoria	
Medios Técnico-Tácticos	Pase de dedos		
Jugadores	2 jugadores	Campo	18x9m
Material	1 balón, red	Tiempo	10 min
Explicación			

Por parejas, uno a cada lado de la red. Hay que intentar intercambiar el mayor número de pases realizando la técnica de dedos.

Observaciones

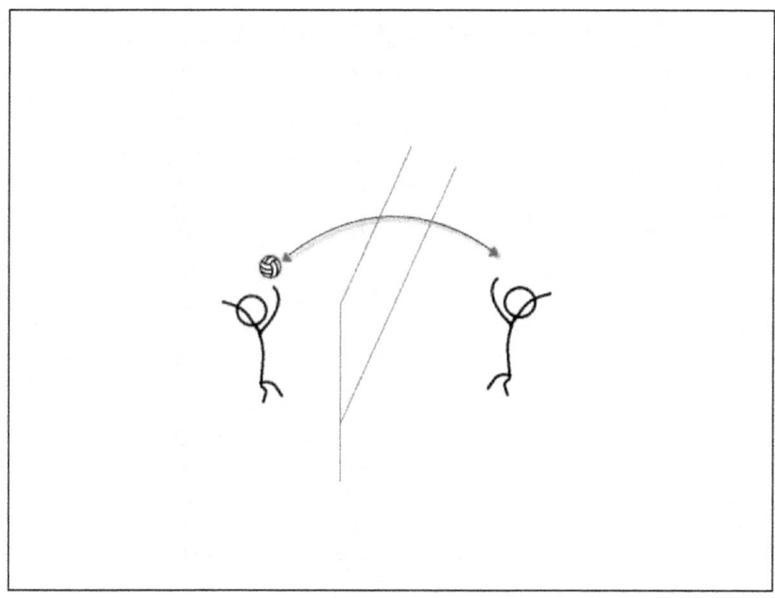

Ejercicio Nº 16	Objetivo Principal	Asimilar la técnica del toque de dedos	
	Objetivos Secundarios	Orientación especial: velocidad	
Medios Técnico-Tácticos	Pase de dedos		
Jugadores	1 jugador	Campo	9x9m
Material	1 balón	Tiempo	10 min
Explicación			
El jugador bota el balón en dirección a la red y se desplaza tras él para que, una vez que ha botado, meterse debajo, orientarse y hacer un pase de dedos a zona IV.			
Observaciones			

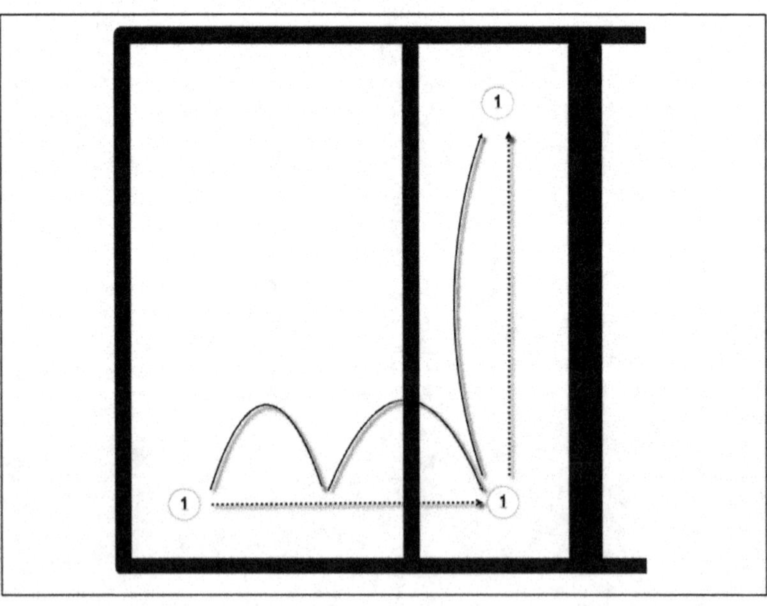

Ejercicio Nº 17	Objetivo Principal	Asimilar la técnica del toque de dedos	
	Objetivos Secundarios	Orientación especial: velocidad	
Medios Técnico-Tácticos	Pase de dedos		
Jugadores	3 jugadores	Campo	18x9m
Material	2 balones, red	Tiempo	15 min
Explicación			

El jugador 1 lanza el balón por encima de la red y sale corriendo detrás, lo deja botar y se coloca debajo para golpearla de dedos en dirección hacia donde se encuentra el jugador 2, quien recoge la pelota y se dirige a la fila inicial detrás del jugador 3.

Una vez finalizada la secuencia el jugador 3 ocupa el lugar del jugador 1, y el 1 ocupa el lugar del jugador 2.

Observaciones

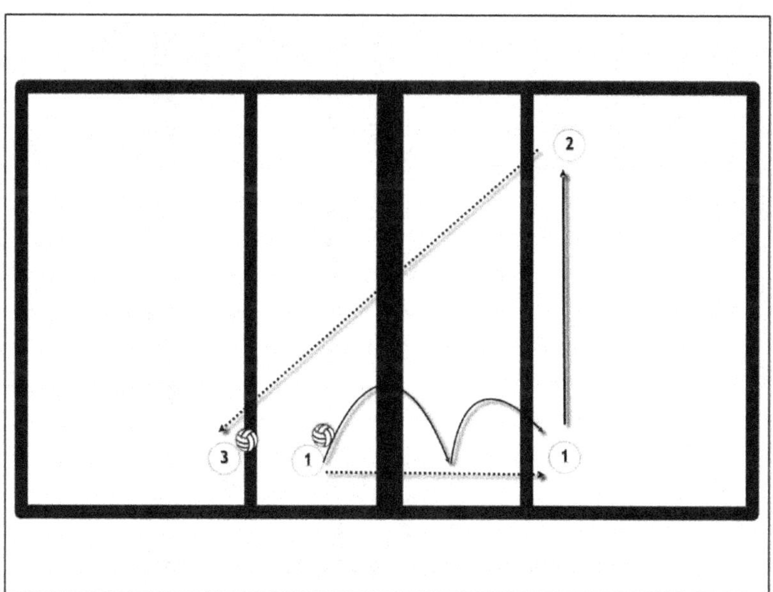

Ejercicio Nº 18	Objetivo Principal	Asimilar la técnica del toque de dedos
	Objetivos Secundarios	Orientación especial, visión periférica y comportamiento táctico
Medios Técnico-Tácticos	Pase de dedos	
Jugadores	3 jugadores	Campo	9x9m
Material	1 balón	Tiempo	15 min

Explicación

Para construir una situación más real de juego: 1 pasa el balón con bote a 2 quien podrá hacer dos cosas:

A) Si 1 se agacha, 2 le devuelve directamente el balón con pase de dedos.

B) Si 1 se queda de pie, 2 realiza un pase de dedos al compañero 3 que se encuentra en zona IV.

Tras 20 repeticiones se cambian los roles.

Observaciones

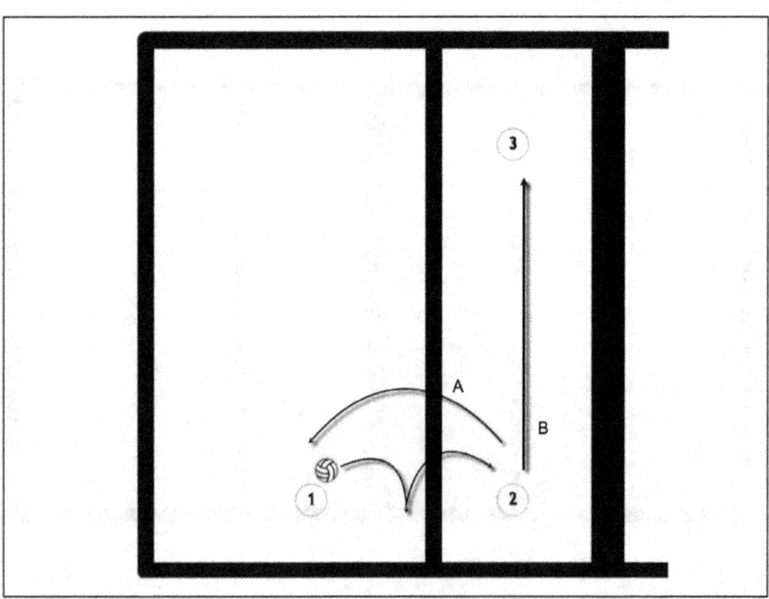

Ejercicio Nº 19	Objetivo Principal	Asimilar la técnica del toque de dedos
	Objetivos Secundarios	Habilidad con el balón, comportamiento táctico

Medios Técnico-Tácticos	Pase de dedos		
Jugadores	6 jugadores	Campo	18x9m
Material	1 balón, red	Tiempo	15 min

Explicación

3 contra 3: los integrantes de cada grupo deben colocarse en fila, y después de golpear de dedos hacia el campo contrario, se dirigirán al final de esta. El jugador que golpee mal el balón o no le de, quedará eliminado. El primer equipo que se quede sin miembros pierde.

Observaciones	Los jugadores eliminados pueden realizar tareas adicionales.

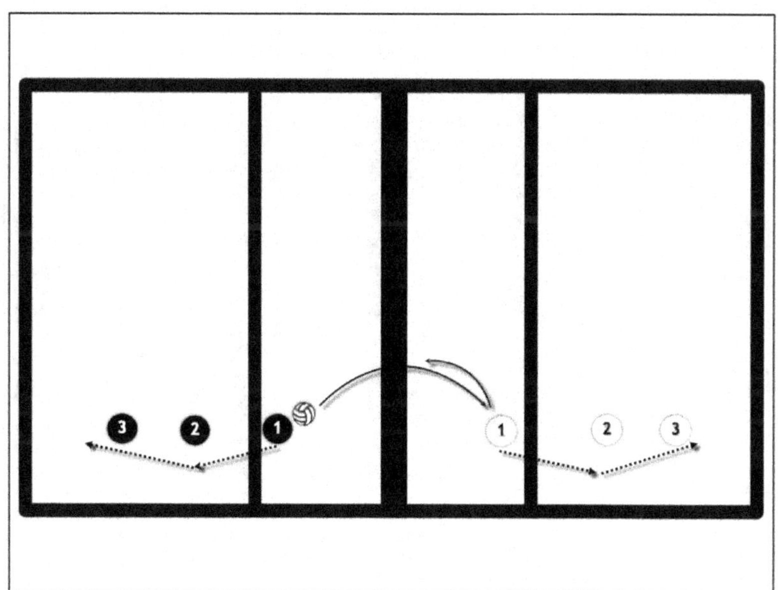

Ejercicio Nº 20	Objetivo Principal	Asimilar la técnica del toque de dedos
	Objetivos Secundarios	Cálculo de trayectoria del balón
Medios Técnico-Tácticos	Pase de dedos	
Jugadores	4 jugadores	Campo	18x9m
Material	1 balón, red	Tiempo	15 mín
Explicación		

2 contra 2: Ambas parejas deben intentar que no caiga el balón, y como mínimo tienen que haberlo tocado los os antes de pasarla.

También se puede proponer la regla de dar tres toques antes de poder pasarla.

Observaciones

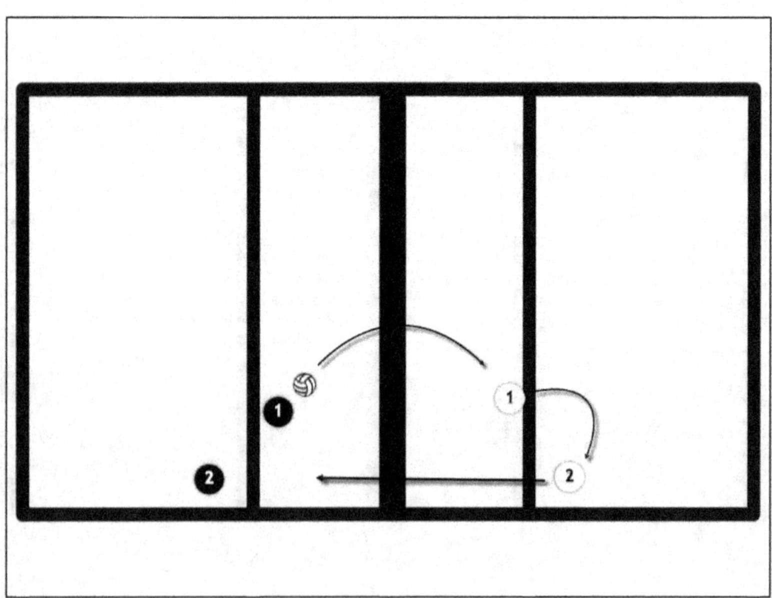

Ejercicio Nº 21	Objetivo Principal	Asimilar la técnica del toque de dedos	
	Objetivos Secundarios	Habilidad con el balón, comportamiento táctico	
Medios Técnico-Tácticos	Pase de dedos		
Jugadores	8 jugadores	Campo	18x9m
Material	2 balones	Tiempo	15 min
Explicación			

2 contra 2: Partidos a 5 puntos. Las dos parejas que ganen se enfrentarán, pero intercambiando los jugadores. Lo mismo pasa con las dos parejas que pierdan, y así sucesivamente. Gana el jugador que haya ganado más juegos.

Observaciones

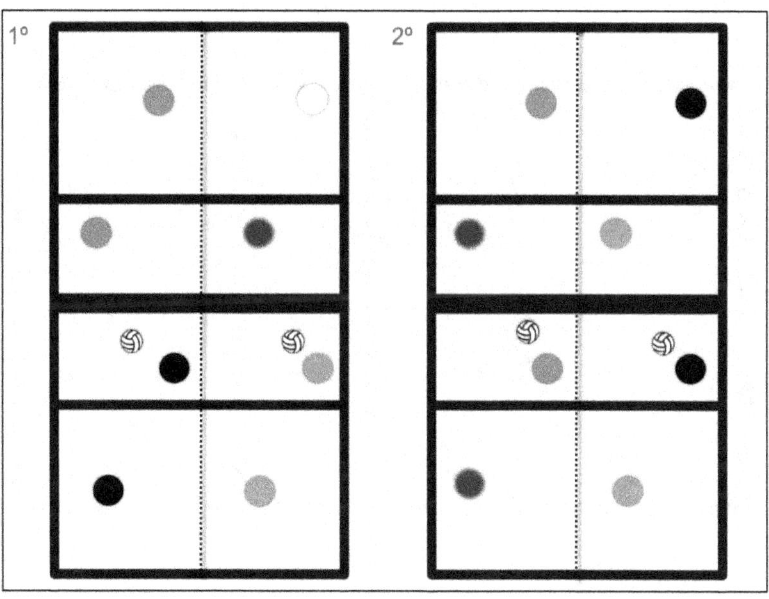

Ejercicio Nº 22	Objetivo Principal	Asimilar la técnica del toque de dedos
	Objetivos Secundarios	Cálculo de trayectoria del balón
Medios Técnico-Tácticos	Pase de dedos	
Jugadores	6 jugadores	Campo	18x9m
Material	1 balón, red	Tiempo	15 min

Explicación
3 contra 3: El objetivo es que el balón bote en el campo contrario. Ambos equipos pueden recepcionar el balón con las manos (agarrando la pelota) , pero el resto de los pases (segundo y tercer toque) deben de ser de dedos. Es obligatorio dar tres toques.
Observaciones

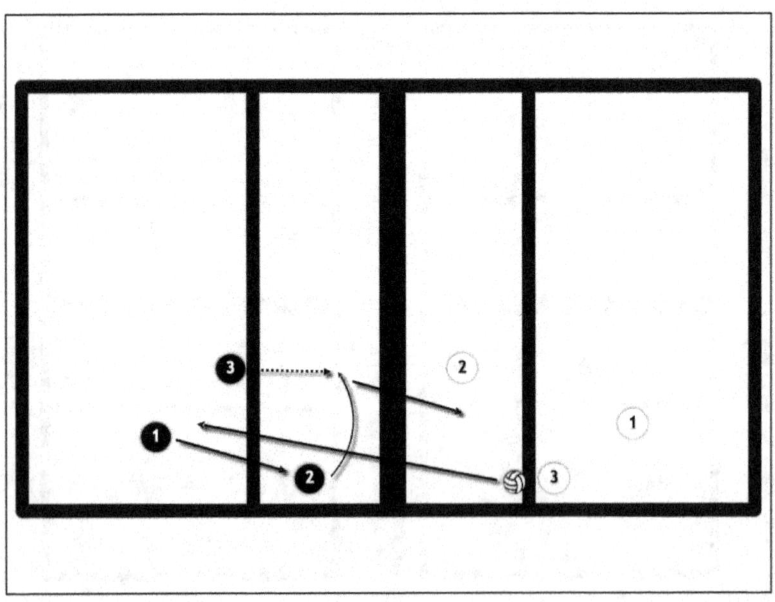

Ejercicio Nº 23	Objetivo Principal	Asimilar la técnica del toque de dedos
	Objetivos Secundarios	Orientación espacial, iniciación a la jugada
Medios Técnico-Tácticos	Pase de dedos	
Jugadores	4 jugadores	Campo	18x9m
Material	1 balón, red	Tiempo	15 min

Explicación

Construcción de una situación de juego: 1 pasa el balón a 2 o a 3. 2 o 3 juegan el balón a 4 quien pasa el balón paralelamente a 2 para que se la pase a 1 (en apoyo o en suspensión). Cada vez que termina una jugada se rota.

Observaciones

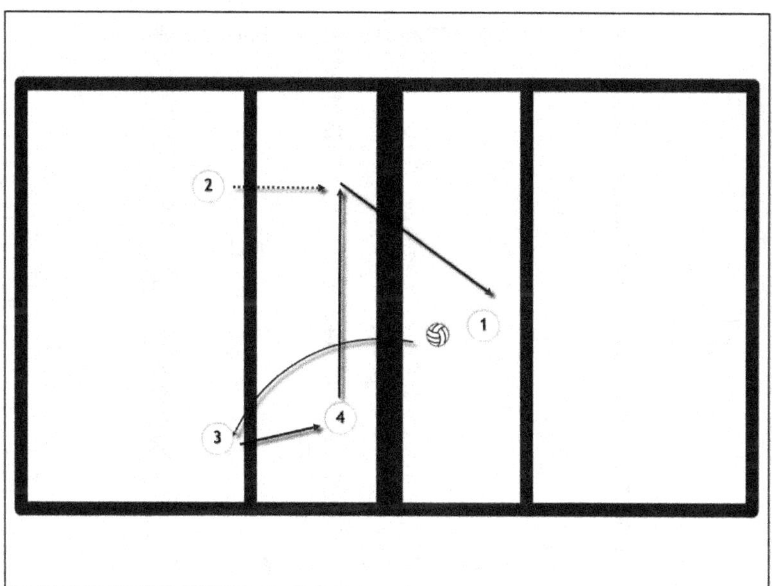

Ejercicio Nº 24	Objetivo Principal	Asimilar la técnica del toque de dedos	
	Objetivos Secundarios	Cálculo de trayectoria del balón	
Medios Técnico-Tácticos	Pase de dedos		
Jugadores	3 jugadores	Campo	9x9m
Material	1 balón	Tiempo	15 min
Explicación			

Construcción de una situación de juego: pase de dedos paralelos a la red, 1 pasa el balón con bote a 2. Luego, 2 se desplaza debajo del balón y juega un pase de dedos paralelo a la red el balón a 3. Este recibe el balón en suspensión y se coloca detrás de 1, y en ese sentido rotan los otros dos jugadores.

Observaciones

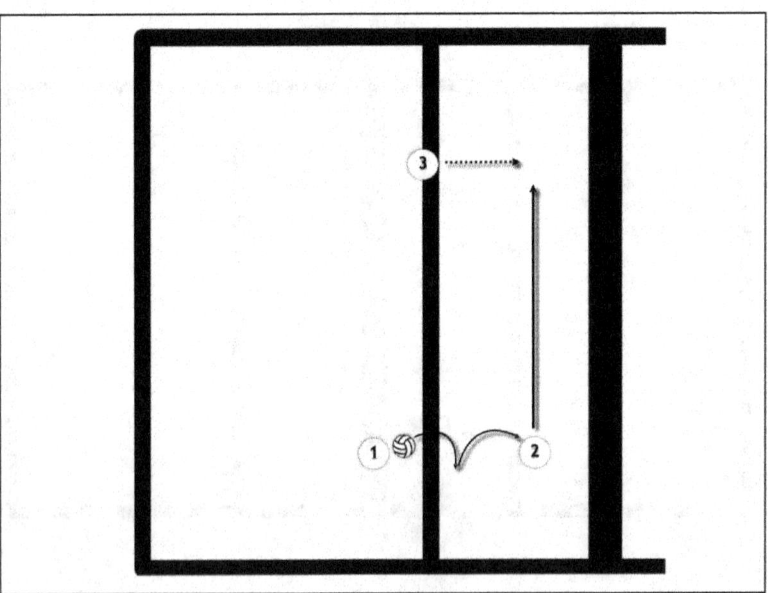

Ejercicio Nº 25	Objetivo Principal	Asimilar la técnica del toque de dedos
	Objetivos Secundarios	Cálculo de la trayectoria del balón, fuerza explosiva en el salto, habilidad con el balón.
Medios Técnico-Tácticos	Pase de dedos	
Jugadores	3 jugadores	Campo
Material	1 balón, pared	Tiempo	10 min

Explicación

Los jugadores se colocan en fila india frente a una pared. El objetivo es hacer un pase de dedos en suspensión, que rebote en la pared, y dirigirte al final de la cola. El compañero que se encuentre detrás deberá hacer lo mismo, y así sucesivamente.

Si no es posible hacer el pase de dedos en suspensión (2 puntos), se podrá hacer en apoyo (1 punto). Se pueden hacer diferentes grupos y que compitan entre sí, ganando el que consiga más puntos.

Observaciones

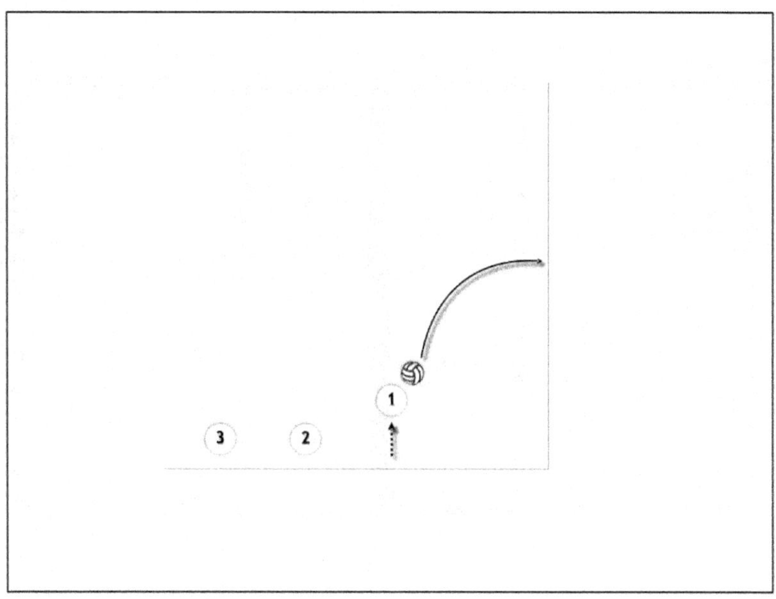

Ejercicio Nº 26	Objetivo Principal	Asimilar la técnica del toque de dedos
	Objetivos Secundarios	Orientación espacial

Medios Técnico-Tácticos	Pase de dedos		
Jugadores	4 jugadores	Campo	18x9m
Material	1 balón, red	Tiempo	15 min

Explicación

Construcción de una situación de juego delante de la red con precisión.

1 lanza el balón a 2, que está en zona 4, éste realiza un pase de dedos paralelo a la red a zona 2 y sale corriendo para recibirlo él mismo.

La idea es enfocarlo como una rueda, es decir, que detrás de 2 haya una fila, y que cuando éste realice el ejercicio, deje el balón en el cesto y se cambie por 1, quien se dirigirá al final de la cola para esperar su turno.

Observaciones

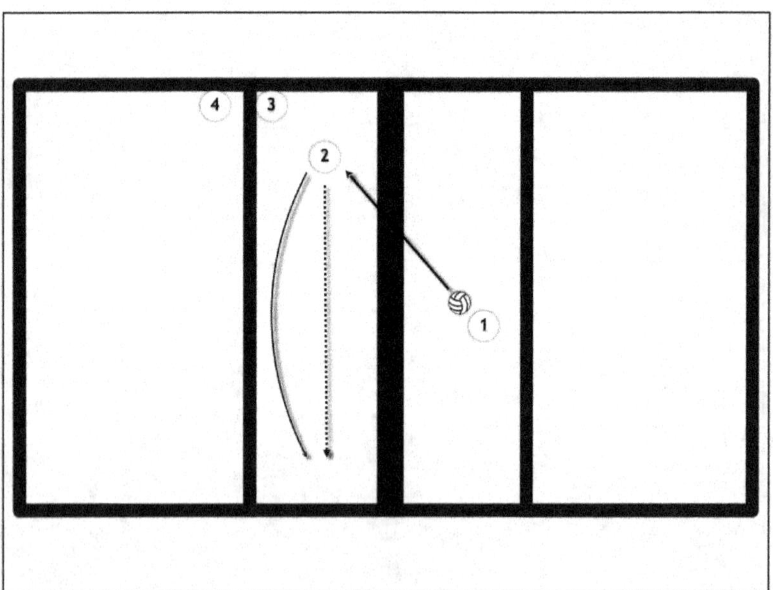

Ejercicio Nº 27	Objetivo Principal	Asimilar la técnica del toque de dedos	
	Objetivos Secundarios	Orientación espacial, velocidad	
Medios Técnico-Tácticos	Pase de dedos		
Jugadores	7 jugadores	Campo	9x9m
Material	1 balón	Tiempo	15 min
Explicación			

Construcción de situación de juego por los jugadores de la zona de fondo.

1 lanza el balón al primer jugador de una de las filas (2). El primer jugador de la otra fila (3) se desplaza hacia la red para recibir el pase desde la zona de fondo. Ambos jugadores se colocan al final de sus respectivas filas

Observaciones

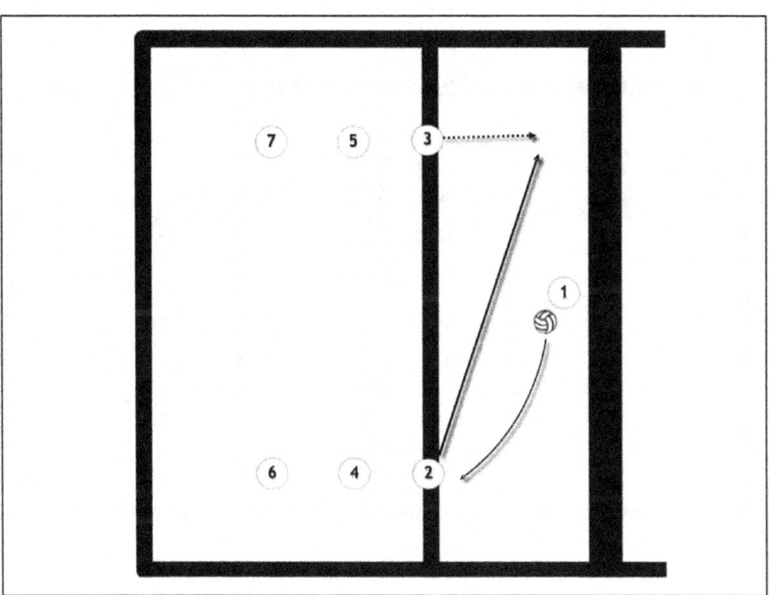

Ejercicio Nº 28	Objetivo Principal	Asimilar la técnica del toque de dedos
	Objetivos Secundarios	Visión periférica, comportamiento táctico
Medios Técnico-Tácticos	Pase de dedos	
Jugadores	5 jugadores	Campo	18x9m
Material	1 balón, 3 aros, red	Tiempo	15 min
Explicación			

Juego el espacio libre en el campo contrario.

1 pasa el balón a 2 con un bote. Este pasa el balón paralelamente a la red a 1. 3 y 4 Se desplazan en el campo contrario de un aro a otro. 1 juega ahora el balón en pase de dedos al aro vacío.

Observaciones	

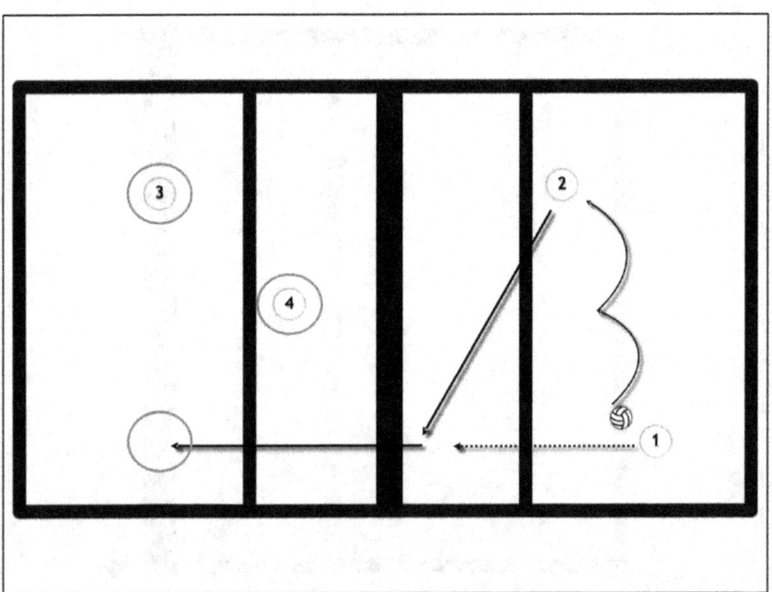

Ejercicio Nº 29	Objetivo Principal	Asimilar la técnica del toque de dedos	
	Objetivos Secundarios	Orientación espacial, velocidad, toma de contacto	
Medios Técnico-Tácticos	Pase de dedos		
Jugadores	4 jugadores	Campo	9x9m
Material	1 balón, plinto	Tiempo	15 min
Explicación			

Alcanzar un balón jugado desde la zona de fondo hacia la red (ejercicio previo a la penetración) y pase hacia atrás.

1 hace una señal, como golpear el balón con la palma, y 2 se adelanta hacia la red. 1 le pasa el balón a 2 y éste pasa de dedos hacia atrás donde se encuentra 3 encima de un plinto. 2 corre detrás del plinto y vuelve a recibir el balón de 3 (apoyo ataque).

Se rota en sentido horario y siempre hay un jugador en espera.

Observaciones

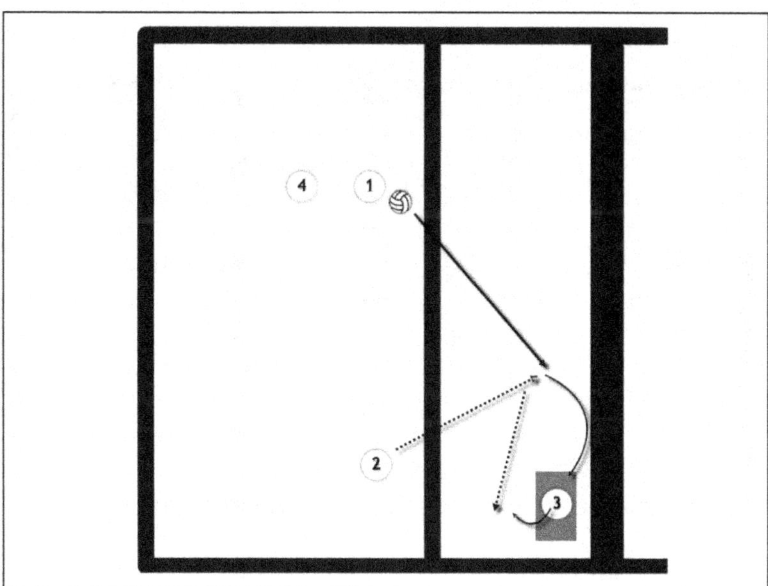

Ejercicio Nº 30	Objetivo Principal	Asimilar la técnica del toque de dedos	
	Objetivos Secundarios	Orientación espacial	
Medios Técnico-Tácticos	Pase de dedos		
Jugadores	4 jugadores	Campo	18x9m
Material	1 balón, carro de balones, red	Tiempo	10 min
Explicación			

Pase de dedos en suspensión:

2 pasa el balón con bote a 1, quien se lo devuelve con un pase de dedos paralelo a la red. 2 juega el balón en pase en suspensión intentando acertar en el carro de los balones. B se dirige al final de la cola y es el turno de 3, así sucesivamente. Tras 2 minutos de ejercicio 1 será sustituido por otro compañero.

Observaciones

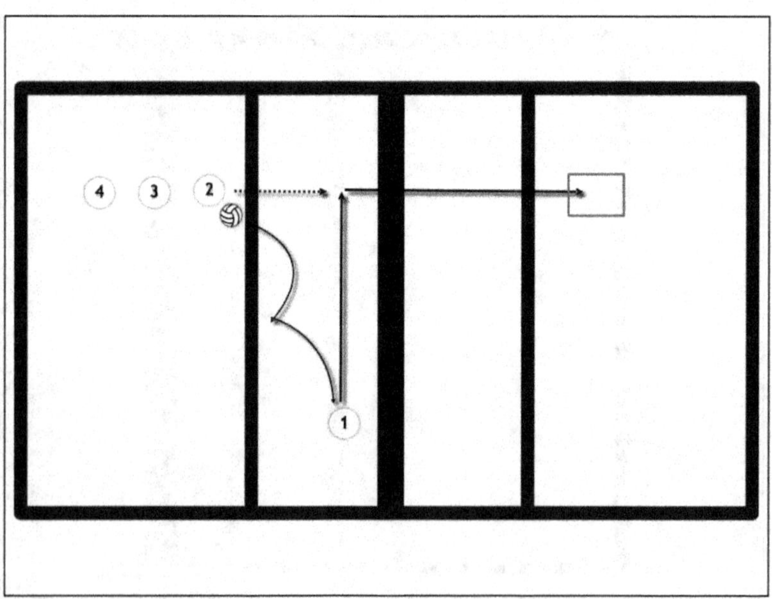

	Objetivo Principal	Asimilar el gesto técnico del pase de dedos	
Ejercicio Nº 31	**Objetivos Secundarios**	Buscar la orientación y el dominio del balón	
Medios Técnico-Tácticos	Pase de dedos		
Jugadores	12 jugadores	Campo	9x9
Material	3 balón y 3 aro	Tiempo	8 min
Explicación			

Se colocarán solo en una mitad del campo haciendo filas compuestas por 4 personas una detrás de otra. El que esta mas cerca de la red será el primero de la fila y este comenzará con la posesión del balón. Cuando el entrenador pite el primero de la fila hará un pase de dedos hacia atrás al compañero y rápidamente se colocará el último en la fila para volver a recibir el balón. El juego cosiste en pasar el balón de un jugador a otro mediante un paso de dedos hacia atrás de manera que en cuanto lleguen al aro depositen el balón en él.

Observaciones	Se recomiendo hacerlo de forma competitiva para fomentar la motivación de los jugadores.

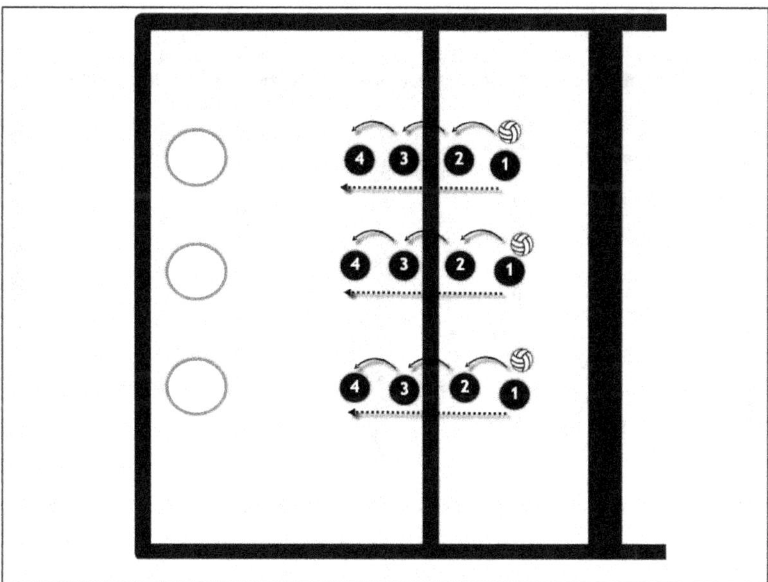

Ejercicio Nº 32	Objetivo Principal	Asimilar el gesto técnico del pase de dedos
	Objetivos Secundarios	Buscar la orientación y el dominio del balón

Medios Técnico-Tácticos	Pase de dedos		
Jugadores	12 jugadores	Campo	18x9
Material	2 balones y red	Tiempo	10 min

Explicación

Los jugadores estarán repartidos de tal manera que jugarán un 3 contra 3. Se colocarán 2 jugadores en la zona de fondo y uno en la zona de ataque paralelo a la red. Una vez el equipo contrario haya sacado el primer toque lo realiza uno de los dos jugadores de la zona de fondo que tendrán que dirigirlo a la red para que el jugador de esta zona (jugador 2) realice obligatoriamente el segundo toque de pases de dedos hacia el compañero que no ha tocado el balón para que este pase de dedos hacia el otro campo. A continuación el jugador que ha sacado se incorpora al juego y se sigue el juego de forma continua.

Observaciones	Tener en cuenta que esta forma de juego sólo se puede realizar si no hay limitaciones del reglamento para los jugadores de la zona de fondo y zona de ataque.

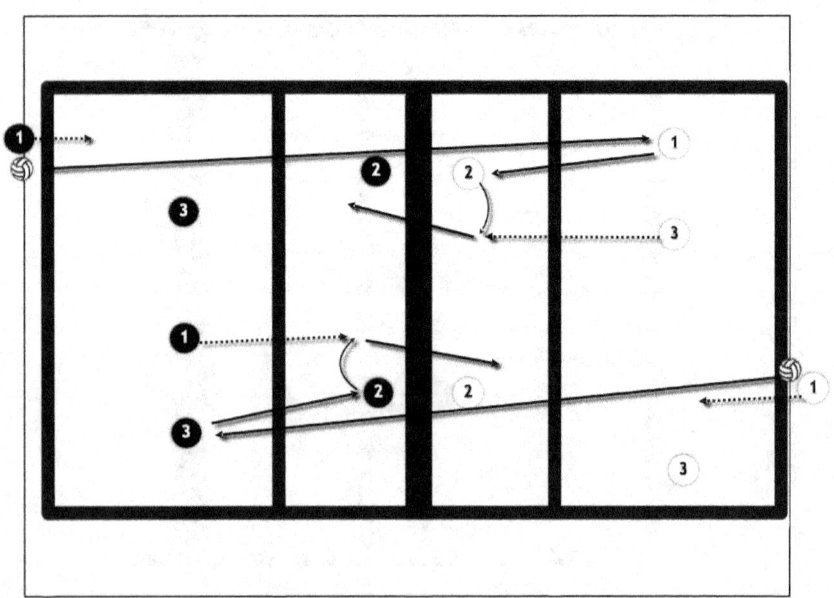

Ejercicio Nº 33	Objetivo Principal	Asimilar el gesto técnico de pase de dedos
	Objetivos Secundarios	Buscar la orientación y el dominio del balón
Medios Técnico-Tácticos	Pase de dedos	
Jugadores	12 jugadores	Campo	18x9
Material	3 balones, 4 conos y red	Tiempo	7 min
Explicación			

Se formarán un 2 contra 2 divididos en cada mitad del campo de voleibol. La secuencia del juego será: el jugador 2 saca al campo contrario al jugador 2, este se la pasa a su compañero (jugador 1) que estará posicionado en la red para pasar al campo contrario con un pase en suspensión. Ganará la pareja que llegue antes a 5 puntos. Después podrán intercambiar las parejas y continuar con el mismo juego.

Observaciones	Se puede hacer de forma competitiva para fomentar la diversión.

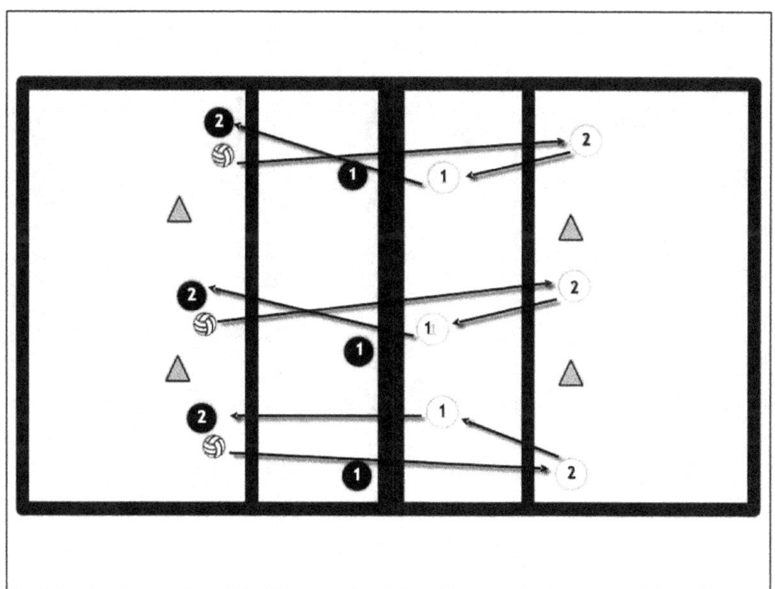

Ejercicio Nº 34	Objetivo Principal	Asimilar el gesto técnico de pase de dedos
	Objetivos Secundarios	Buscar la orientación y el dominio del balón
Medios Técnico-Tácticos	Pase de dedos	
Jugadores	12 jugadores	Campo	18x9
Material	6 balones	Tiempo	5 min

Explicación

Los jugadores se colocarán por parejas uno en frente del otro a unos 3-4 metros y así todos los compañeros, divididos por todo el campo de voleibol. Tendrán que pasarle el balón a su compañero con un pase que sea lo más preciso posible, es decir, intentar que caiga por encima de la cabeza del compañero para que este pueda devolver el pase en las mejores condiciones, realizando así un buen pase de dedos.

Observaciones	Es un ejercicio donde la precisión y la zona de caída del balón son esenciales.

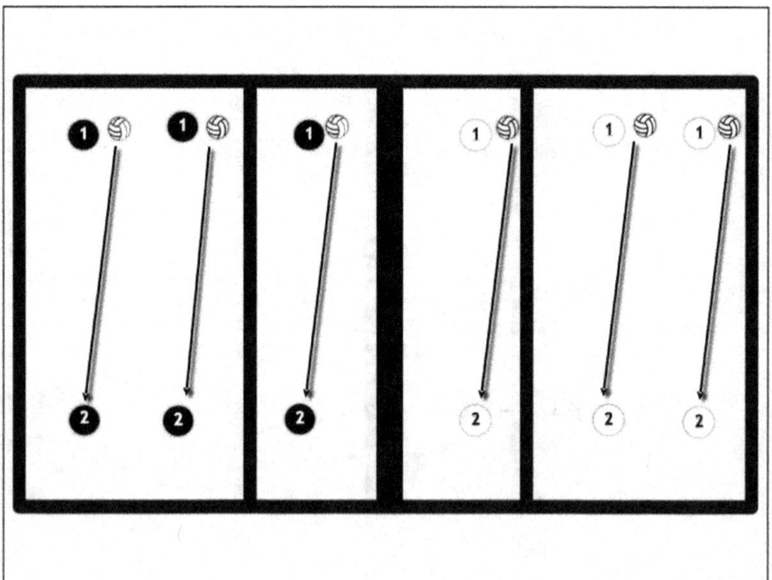

Ejercicio Nº 35	Objetivo Principal	Asimilar el gesto técnico de pase de dedos
	Objetivos Secundarios	Buscar la coordinación y el dominio del balón

Medios Técnico-Tácticos	Pase de dedos		
Jugadores	2 jugadores	Campo	9x9
Material	1 balón	Tiempo	8 min

Explicación

Los jugadores estarán divididos por parejas uno en frente del otro a una distancia de unos 4-5 metros. Deberán hacer pase de dedos con diferentes trayectorias. Las trayectorias son: alta, media y baja. El jugador hace el un pase de dedos a su compañero, la trayectoria es opcional y la eligen ellos, pero depende de cual elijan tendrás unas reglas. La reglas son: si hace un pase con una trayectoria alta el compañera la tendrá que devolver con una trayectoria baja y a la inversa, pero si la tira con una trayectoria media el compañero siempre la devolverá con trayectoria alta.

Observaciones

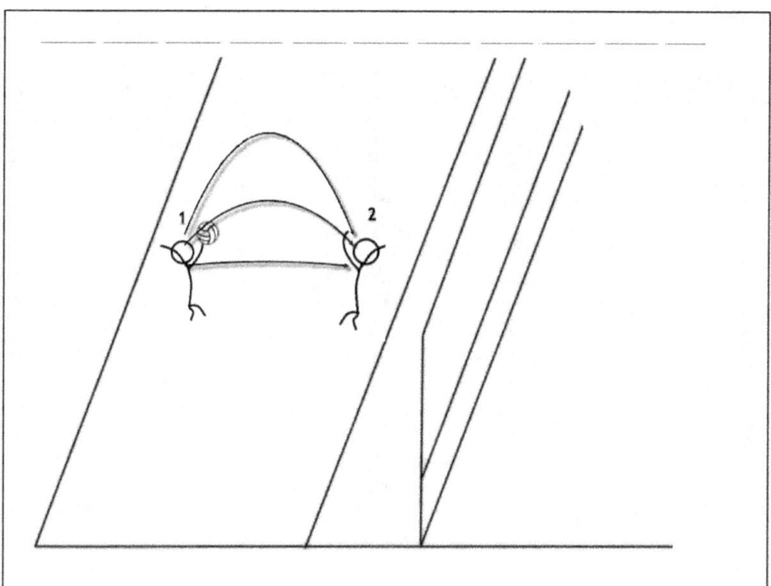

Ejercicio Nº 36	Objetivo Principal	Asimilar el gesto técnico de pase de dedos
	Objetivos Secundarios	Buscar la coordinación y el dominio del balón

Medios Técnico-Tácticos	Pase de dedos		
Jugadores	6 jugadores	Campo	18x9
Material	1 balón y red	Tiempo	8 min

Explicación

Los jugadores se colocarán 3 contra 3 repartidos en cada mitad del campo de voleibol. En una mitad del campo se colocarán 2 jugadores en la zona de fondo y el otro jugador pegado a la red. El jugador de fondo saca al campo contrario al cualquiera de los jugadores de la zona de fondo, estos una vez reciben deben hacer dos pases: el primero un autopase en vertical y el segundo pase será dirigido al compañero que esta en la red para que este lo pase al campo contrario y continúen la misma secuencia.

Observaciones

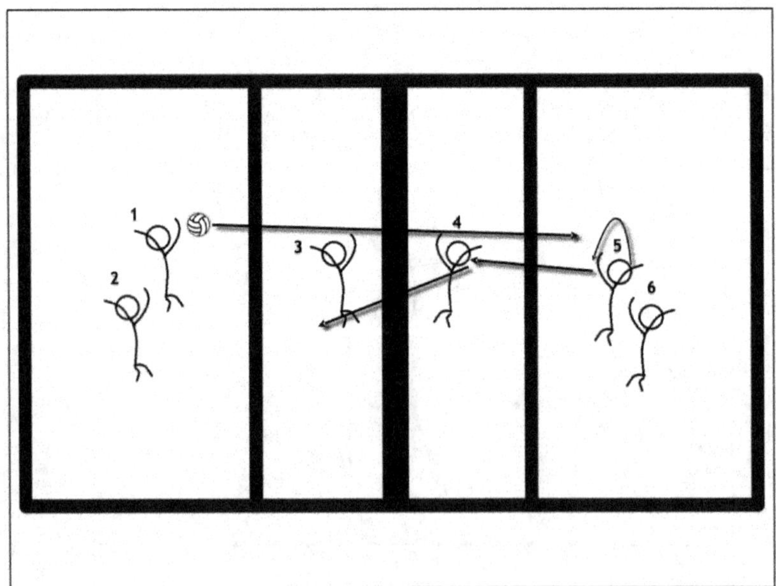

Ejercicio Nº 37	Objetivo Principal	Asimilar el gesto técnico de pase de dedos
	Objetivos Secundarios	Buscar la coordinación, orientación y el dominio del balón
Medios Técnico-Tácticos	Pase de dedos	
Jugadores	12 jugadores	Campo	9x9
Material	2 balones	Tiempo	8 min

Explicación

La disposición serán solo en una mitad del campo. Se formarán grupos de tres jugadores que se colocaran en fila uno detrás de otro, y en frente de ellos a unos 5-6 metros otros tres jugadores con la misma colocación. El jugador 1 lanzará el balón al compañero de la fila contraria con un pase de dedos, este jugador volverá corriendo a ponerse en su misma fila. A continuación el compañero que ha recibido el balón hará un pase hacia atrás al compañero que esta a su espalda que volverá a repetir el mismo proceso desde el principio.

Observaciones	Intentar que el pase de dedos vaya lo más parabólico posible y que caiga en las manos del compañero que recibe el balón.

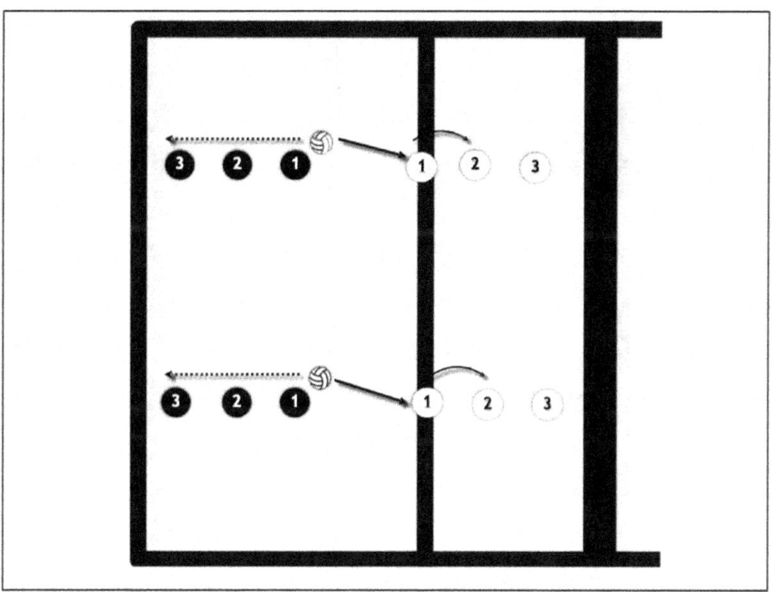

Ejercicio Nº 38	Objetivo Principal	Asimilar el gesto técnico de pase de dedos
	Objetivos Secundarios	Buscar la orientación, coordinación y el dominio del balón
Medios Técnico-Tácticos	Pase de dedos	
Jugadores	12 jugadores	Campo	9x9
Material	2 balones	Tiempo	7 min

Explicación

Los jugadores formarán grupos de tres colocándose en fila uno detrás del otro y en frente de ellos a unos 3-4 metros otros tres jugadores con la misma disposición. Estarán colocados solo en una mitad del campo. El jugador 1 hará un pase de dedos a compañero de la fila de enfrente y después este tendrá que cambiarse rápidamente a la fila contraria. El que recibe ejecuta la misma acción que el anterior y así sucesivamente todos los jugadores.

Observaciones	Deben intentar hacer un pase de dedos lo más parabólico posible para que le de tiempo a cambiarse de fila.

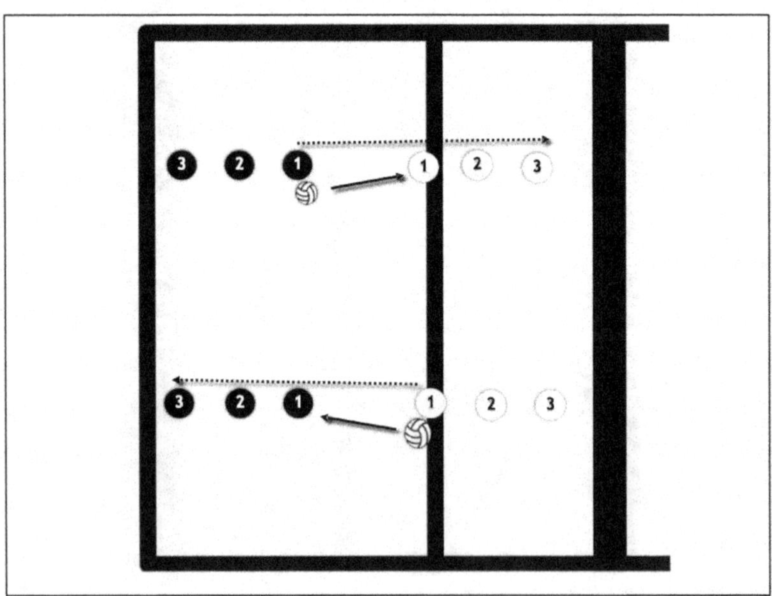

Ejercicio Nº 39	Objetivo Principal	Asimilar el gesto técnico de pase de dedos
	Objetivos Secundarios	Buscar la orientación, coordinación y el dominio del balón
Medios Técnico-Tácticos	Pase de dedos	
Jugadores	8 jugadores	Campo	9x9
Material	2 balones	Tiempo	10 min

Explicación

Se harán 4 grupos de dos jugadores en cada uno de ellos. Las parejas estarán colocadas en fila, es decir, uno detrás del otro y en frente siempre tendrán a otra pareja colocada de la misma manera. El ejercicio consiste en que el jugador 1 le tiene que pasar al jugador 1 que tiene en frente con un pase de dedos y una vez haya realizado el pase debe irse a la fila de la izquierda colocándose detrás de otro compañero. Cuando el jugador 1 se desplace el jugador 2 pasará hacia delante para efectuar el pase de dedos y seguir la misma secuencia que el jugador 1.

Observaciones	Empezar haciendo los pases de dedos y que el compañero la reciba con la manos y conforme adquieran más nivel hacer el ejercicio con cierta continuidad.

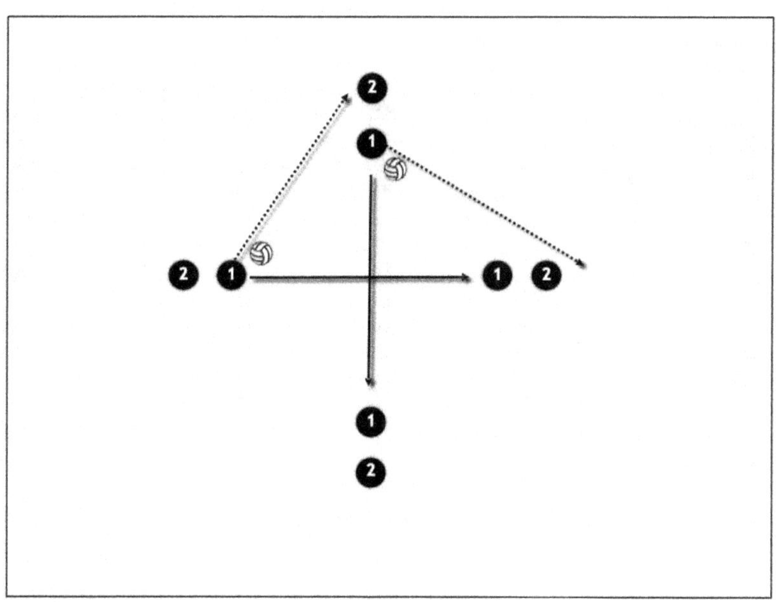

Ejercicio N° 40	Objetivo Principal	Asimilar el gesto técnico de pase de dedos
	Objetivos Secundarios	Buscar la orientación, coordinación, direccionalidad y el dominio del balón
Medios Técnico-Tácticos	Pase de dedos	
Jugadores	8 jugadores	Campo	18x9
Material	2 balones	Tiempo	8 min
Explicación			

Los jugadores se colocan 2 grupos de 4 personas formando un rectángulo. Cada grupo de coloca en una mitad   del campo. La secuencia será la siguiente: el jugador 1 hace un pase de dedos hacia el jugador 2 con una   trayectoria recta, este le pasa al jugador 3 con una trayectoria en diagonal, este le pasa al jugador 4 con una   trayectoria recta y finalmente este se lo volverá a pasar al jugador 1. Después de unos 30 segundos se cambiara   la dirección del pase. Los jugadores estarán esperando para recibir el pase de espaldas al compañero y se girarán cuando el compañero va a realizar el pase de dedos y le grite "giro". Cuando el jugador se gire para recibir deber colocase de manera adecuada para realizar el pase a otro compañero.

Observaciones	La secuencia de juego no se debe pausar debe ser lo más continua posible.

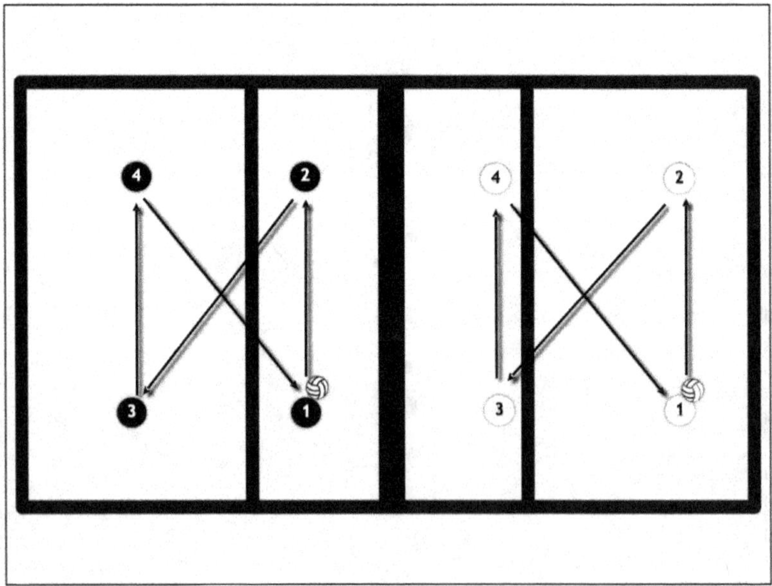

Ejercicio Nº 41	Objetivo Principal	Asimilar el gesto técnico de pase de dedos
	Objetivos Secundarios	Buscar la orientación, coordinación y el dominio del balón
Medios Técnico-Tácticos	Pase de dedos	
Jugadores	3 jugadores	Campo	9x9
Material	1-2 balones	Tiempo	8 min

Explicación
Los jugadores en grupos de 3 personas formando un triángulo se colocarán en una mitad del campo a una distancia de unos 4-5 metros. Comienza un jugador realizando un pase de dedos al compañero que esta a su izquierda, después este se lo pasa al último compañero que esta a su izquierda y para terminar este le vuelve pasa al que realizó el primer pase. Se intentará hacer de forma continua y cuando diga el entrenador se hará un cambio de dirección del pase de dedos.

Observaciones	Si llegan adquirir más nivel podemos añadir un balón más a cada grupo para aumentar la dificultad y aumentar su coordinación.

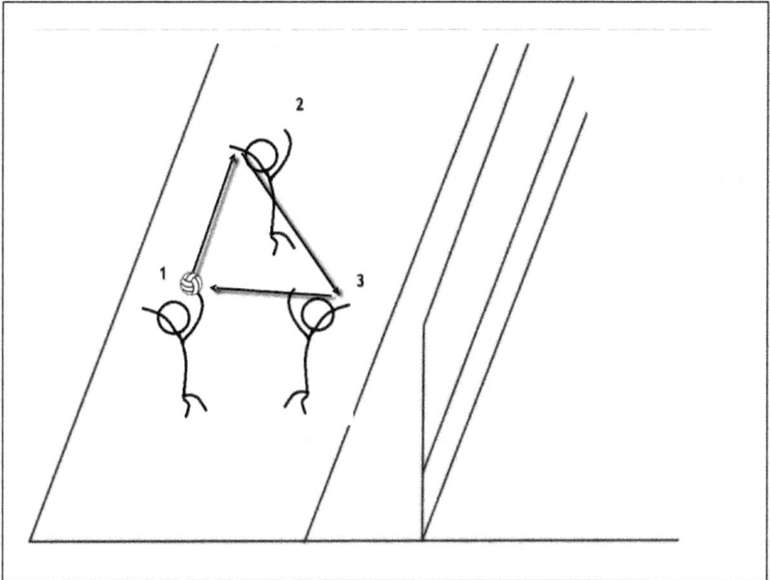

Ejercicio Nº 42	Objetivo Principal	Asimilar el gesto técnico de pase de dedos
	Objetivos Secundarios	Buscar la orientación, coordinación y el dominio del balón
Medios Técnico-Tácticos	Pase de dedos	
Jugadores	6 jugadores	Campo	9x9
Material	1 balón	Tiempo	8 min
Explicación		

La disposición será un grupo de 3 jugadores formando un triángulo. Detrás de cada jugador habrá otro compañero. Repartidos los grupos por el campo comenzará el juego con el jugador 1 que hará un pase de dedos al jugador 2, una vez el jugador 1 efectúe el pase correrá para colocarse detrás del compañero de la fila de la izquierda y el compañero que esta detrás pasara a la posición que estaba el jugador 1. Después el jugador 2 le hará un pase al jugador 3 y este por último se lo devolverá al jugador 1. Todos deben desplazarse a la fila de su izquierda una vez efectuado el pase de dedos.

Observaciones	El juego debe hacerse de la forma mas continua y dinámica posible.

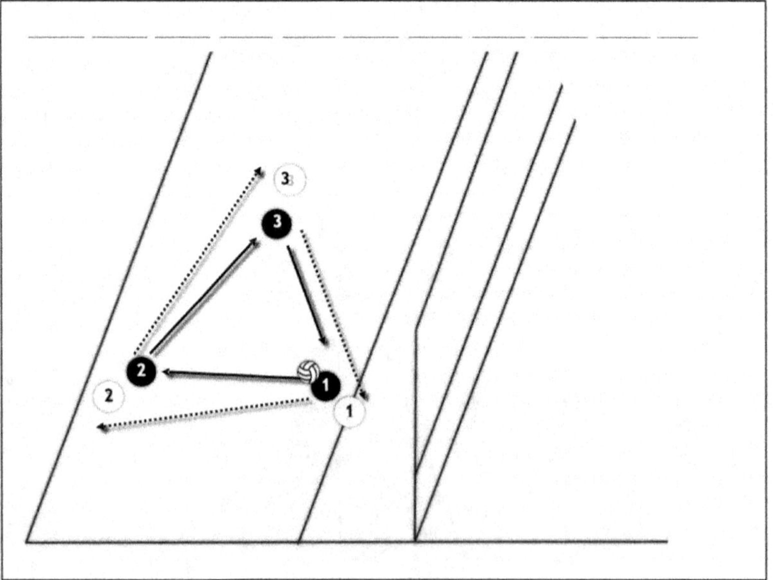

Ejercicio Nº 43	Objetivo Principal	Asimilar el gesto técnico de pase de dedos
	Objetivos Secundarios	Buscar la orientación, coordinación y el dominio del balón
Medios Técnico-Tácticos	Pase de dedos	
Jugadores	4 jugadores	Campo	9x9
Material	1 balón	Tiempo	8 min

Explicación

Los jugadores en grupos de 4 personas que poseerán un balón, formarán un rectángulo situado dentro del campo. Comenzará el jugador 1 que tendrá el balón, le hará un pase de dedos al jugador 2 y luego el primer jugador tendrá que desplazarse corriendo al sitio del jugador 2. El jugador 2 cuando le haga un pase de dedos en diagonal al jugador 3 , tendrá que desplazarse a la posición del jugador 1. A continuación, el jugador 3 le hace un pase de dedos al jugador 4 y después se desplazará a su posición. Por último el jugador 4 le pasará con un pases de dedos en diagonal al jugador 2 y después se desplazará a la posición del jugador 3. La secuencia será de forma continua.

Observaciones	Los pases de dedos en diagonal deben ser muy parabólicos.

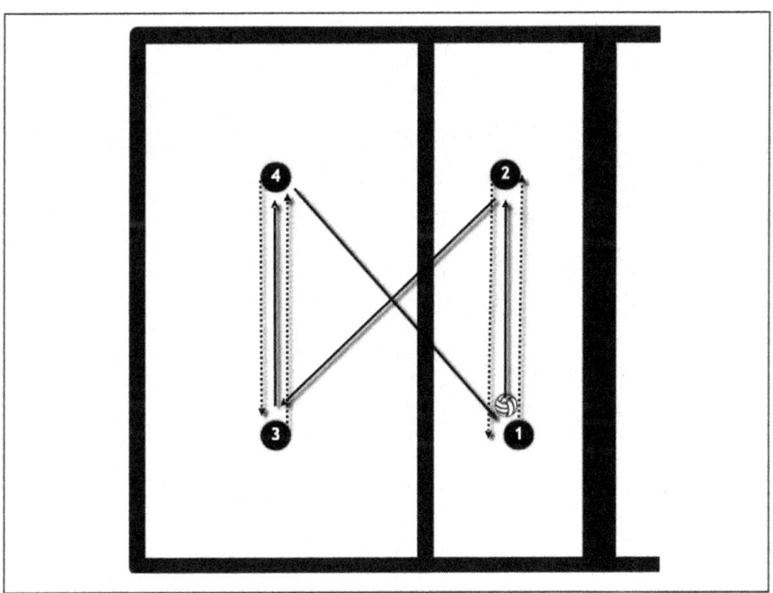

Ejercicio Nº 44	Objetivo Principal	Asimilar el gesto técnico de pase de dedos
	Objetivos Secundarios	Buscar la orientación, coordinación y el dominio del balón
Medios Técnico-Tácticos	Pase de dedos	
Jugadores	8 jugadores	Campo	9x9
Material	2 balones	Tiempo	8 min

Explicación
Los jugadores se repartirán en 2 grupos de 3 personas que estarán colocadas en fila una detrás de otro y un grupo en frente del otro. A la derecha y a la izquierda de cada grupo habrá un jugador, ambos con un balón cada uno.
El ejercicio comienza con uno de los dos que tienen balón, este se lo pasa al primero de la fila para que le haga un pase de dedos al jugador del grupo contrario, este la recibirá cogiéndolo con las manos y se la pasará a uno de los 2 jugadores que lanzaban el balón para que continúen pasándoselo a los compañeros.
Tanto el jugador que ha realizado el pase de dedos como el que ha recibido cuando terminen deben irse al final de su fila y los que están detrás pasarán a ser los primeros. Los que tienen balón van lanzándolos de forma alternativa y después se intercambiarán con alguno de cada fila.

Observaciones	

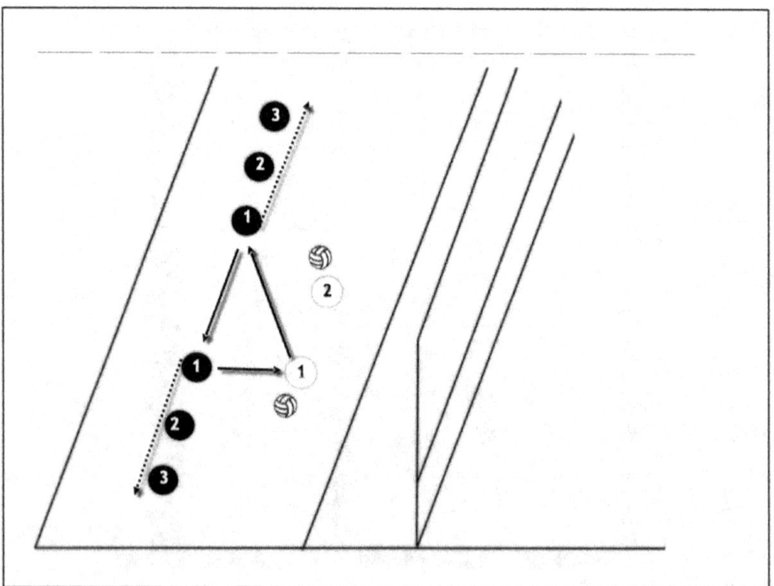

Ejercicio Nº 45	Objetivo Principal	Asimilar el gesto técnico de pase de dedos
	Objetivos Secundarios	Buscar la orientación, coordinación y el dominio del balón
Medios Técnico-Tácticos	Pase de dedos	
Jugadores	5 jugadores	Campo	9x9
Material	1 balón	Tiempo	8 min
Explicación		

Los jugadores formarán grupos de 5 personas, 4 formarán un cuadrado y el 5 jugador se colocará detrás de uno de sus compañeros. Deben estar de espaldas a su compañeros todos excepto el jugador 1 que le hará un pase de dedos al jugador 2 este que hará un giro de 90º para recibirla y posteriormente el jugador 1 se desplazara al sitio del jugador 2 y a la vez el jugador 6 que estaba detrás del jugador 1 pasará a ocupar esta posición. A continuación, el jugador 2 le hará un pase de dedos al jugador 3 que efectuará un giro para recibirla , mientras el jugador 2 se desplaza a su sitio. Después el jugador 3 hará el mismo proceso al jugador 4 y este finalmente lo realizará de nuevo con el jugador 1.

Observaciones	Puede elegir la trayectoria de pase de dedos que deseen.

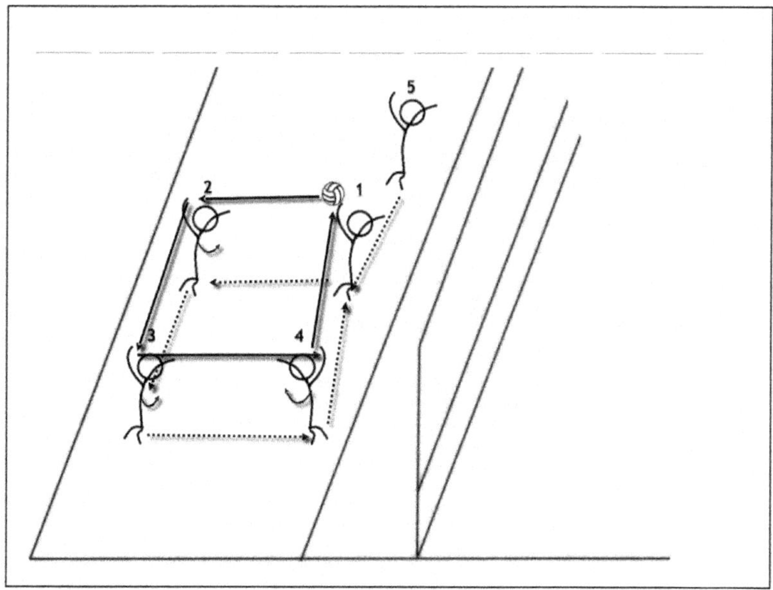

Ejercicio Nº 46	Objetivo Principal	Asimilar el gesto técnico de pase de dedos
	Objetivos Secundarios	Buscar la orientación, coordinación y el dominio del balón
Medios Técnico-Tácticos	Pase de dedos	
Jugadores	2 jugadores	Campo	9x9
Material	1 balón	Tiempo	7 min
Explicación		

Irán saliendo por parejas, cada una de ellas tendrá un balón. Se empieza saliendo con el primero de cada fila, uno de la pareja tendrá un balón. Se colocaran a unos 5 metros mirándose uno al otro, el primer jugador hará un pase de dedos al otro y tendrán que ir desplazándose a la vez que realizan los pases de dedos. Después irán saliendo las otras parejas y efectuando el mismo proceso.

Observaciones	Se busca la continuidad y que se ajusten al pase de dedos con el desplazamiento.

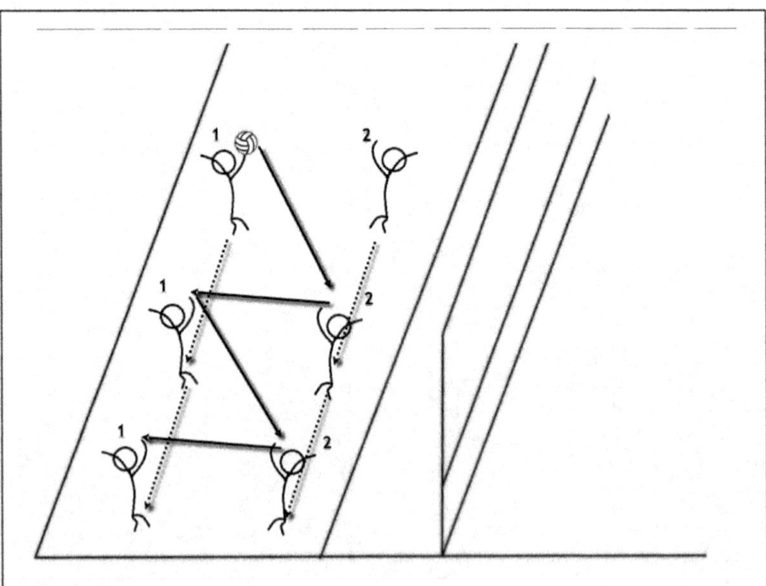

Ejercicio Nº 47	Objetivo Principal	Asimilar el gesto técnico de pase de dedos
	Objetivos Secundarios	Buscar la orientación, coordinación y el dominio del balón
Medios Técnico-Tácticos	Pase de dedos	
Jugadores	2 jugadores	Campo	18x9
Material	1 balón y 4 conos	Tiempo	10 min

Explicación
Se colocarán en grupos de 2 personas una en cada campo con un balón. Tendrán un espacio limitado por conos. Jugarán un partido entre los dos con la regla de que solo se puede meter punto haciendo pase de dedos o que el balón salga fuera del espacio. El partido será al mejor de 7 puntos con diferencia de dos puntos. Cuando terminen podrán cambiar de parejas.
Observaciones

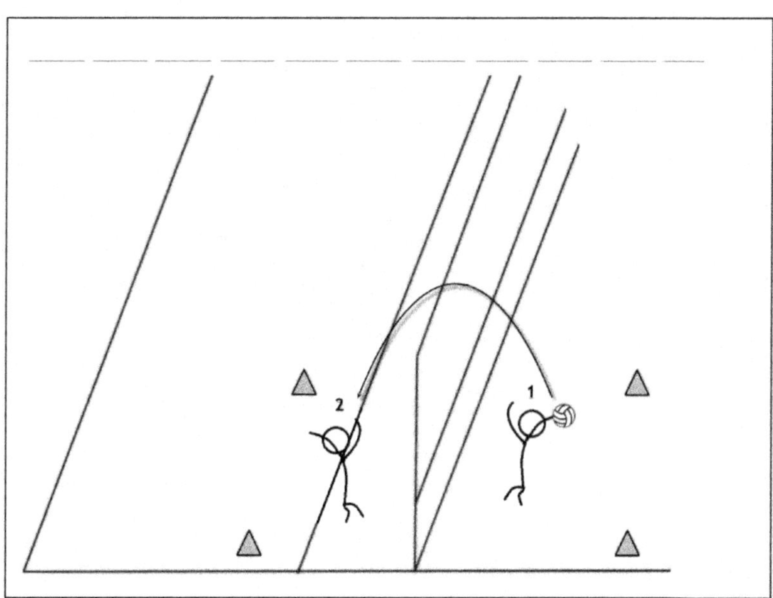

Ejercicio Nº 48	Objetivo Principal	Asimilar la técnica de antebrazos
	Objetivos Secundarios	Cálculo de la trayectoria del balón

Medios Técnico-Tácticos	Pase de antebrazos		
Jugadores	2 jugadores	Campo	
Material	1 balón	Tiempo	10 min

Explicación
Por parejas, un compañero de rodillas en frente de otro de pie. El jugador de pie lanza o deja caer el balón delante del jugador de rodillas, quien se inclina hacia delante, golpea de antebrazos, y se deja caer al suelo parándose con las manos. Para realizar este ejercicio se debe explicar de forma clara y precisa la técnica del pase de antebrazos: manos entrelazadas (mano dominante abajo) y brazos juntos formando una plataforma, que será donde tendrá lugar el contacto. Para ello es necesario subir los hombros casi a la altura de las orejas y la espalda ha de encorvarse. Los pies deben colocarse a la altura de las caderas con las punteras hacia delante, las rodillas flexionadas para que en el momento del golpeo se estiren y ayuden en la cadena cinética. En este ejercicio parece que las piernas no son relevantes, pero son muy importantes porque si se produce una elevación del tren inferior, aunque sólo sea de rodillas para arriba.

Observaciones	

Ejercicio Nº 49	Objetivo Principal	Asimilar la técnica de antebrazos
	Objetivos Secundarios	Dominio y cálculo de trayectoria del balón
Medios Técnico-Tácticos	Pase de antebrazos	
Jugadores	1 jugador	Campo	
Material	1 balón, pared	Tiempo	15 min

Explicación

Ejercicio de manejo de balón: "Siempre dos menos"

- 10 veces: el balón da un bote en el suelo entre un toque y otro.

- 8 veces: pasar el balón continuamente contra la pared.

- 6 veces: toques seguidos del balón sin desplazamiento.

- 4 veces: lanzamiento contra la pared. Se juega el rebote en pase de antebrazos contra la pared, de manera que se pueda recibir el segundo rebote.

Observaciones

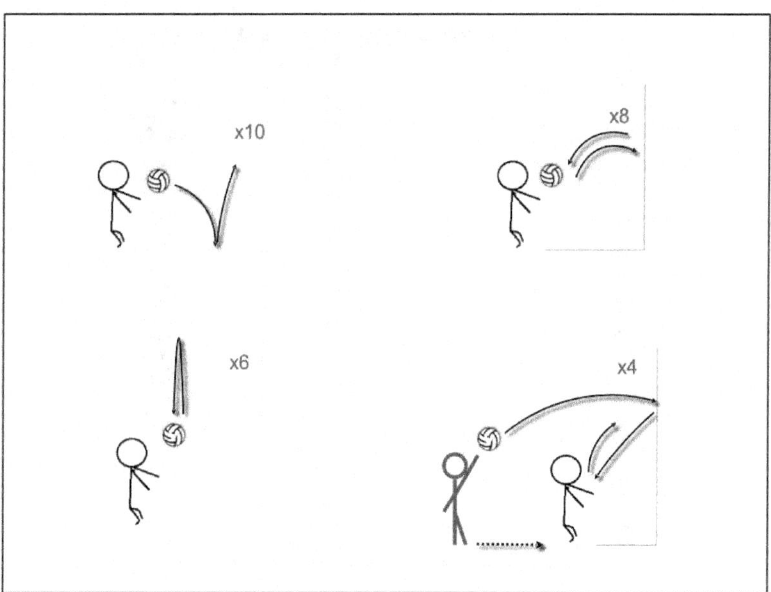

Ejercicio Nº 50	Objetivo Principal	Asimilar la técnica de antebrazos
	Objetivos Secundarios	Cálculo de trayectoria de balón, orientación espacial
Medios Técnico-Tácticos	Pase de antebrazos	
Jugadores	2 jugadores	Campo	9x9m
Material	1 balón	Tiempo	15 min

Explicación
Pase de antebrazos con desplazamiento: 2 lanza el balón de manera que 1 se lo pueda devolver con un pase de antebrazos después de haber realizado un desplazamiento hacia adelante o hacia atrás.
Observaciones

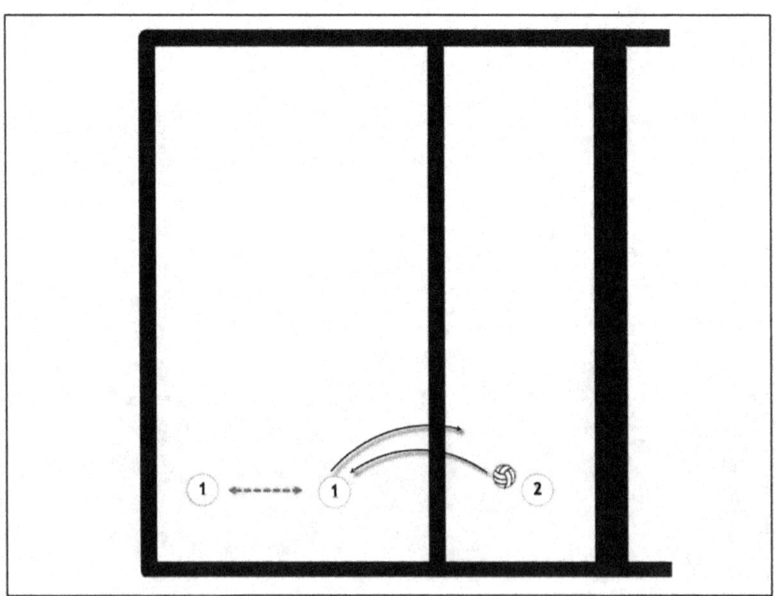

Ejercicio Nº 51	Objetivo Principal	Asimilar la técnica de antebrazos
	Objetivos Secundarios	Cálculo de trayectoria del balón, velocidad
Medios Técnico-Tácticos	Pase de antebrazos	
Jugadores	2 jugadores	Campo	9x9m
Material	1 balón	Tiempo	15 min

Explicación
Pase de antebrazos con desplazamiento lateral: 2 pasa o lanza el balón a 1, quien se desplaza lateralmente y devuelve el balón con un pase de antebrazos a 2 y vuelve a la posición inicial.

Observaciones

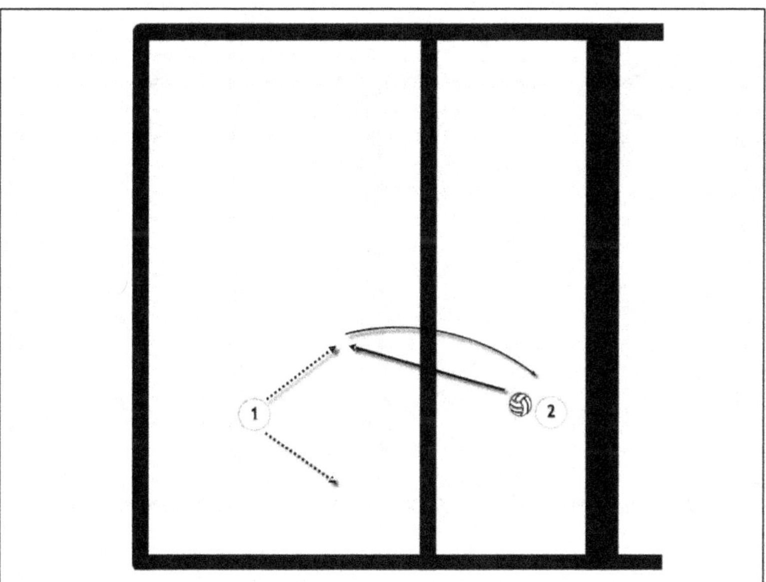

Ejercicio Nº 52	Objetivo Principal	Asimilar la técnica de antebrazos
	Objetivos Secundarios	Precisión
Medios Técnico-Tácticos	Pase de antebrazos y saque de tenis	
Jugadores	2 jugadores	Campo	18x9m
Material	1 balón, red	Tiempo	15 min

Explicación
Saque de tenis desde diversas distancias al compañero: 1 saca en dirección a 2 que recibe el balón en un pase de antebrazos, a unos 2 metros de la red. Si lo consigue 1 puede ir alejándose paso a paso de la red. Se puede realizar competición entre parejas, que llegue antes o necesite menos intentos para llegar al final de la pista.
Observaciones

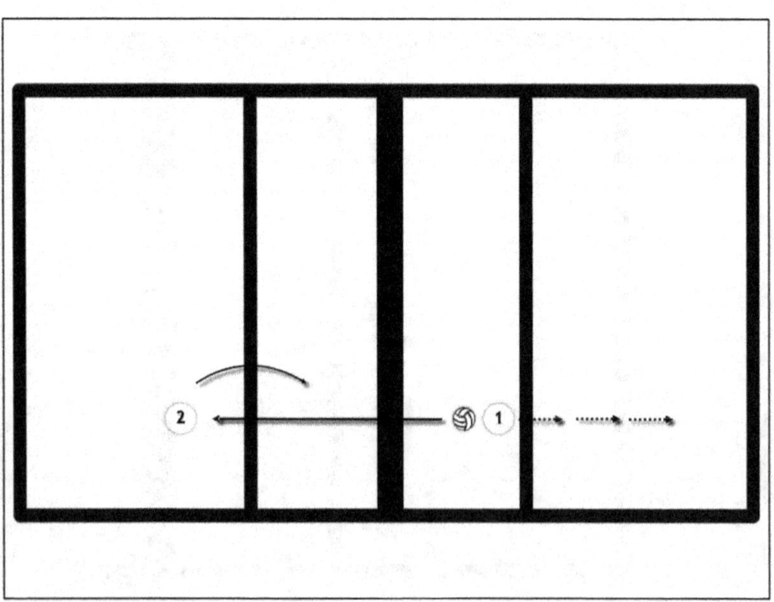

Ejercicio Nº 53	Objetivo Principal	Asimilar la técnica de antebrazos
	Objetivos Secundarios	Precisión

Medios Técnico-Tácticos	Pase de antebrazos, saque		
Jugadores	3 jugadores	Campo	18x9m
Material	1 balón, red	Tiempo	10 min

Explicación

Servicio y recepción:

1 saca (desde una distancia que pueda dirigir el saque), 2 recibe de antebrazos y 3 coge el balón sin salirse del aro (cada acción lograda con éxito se premiará con un punto). Se repite el ejercicio 5 veces en las mismas posiciones, y después los jugadores rotarán en sentido antihorario.

El grupo que llegue primero a 15 puntos gana.

Observaciones

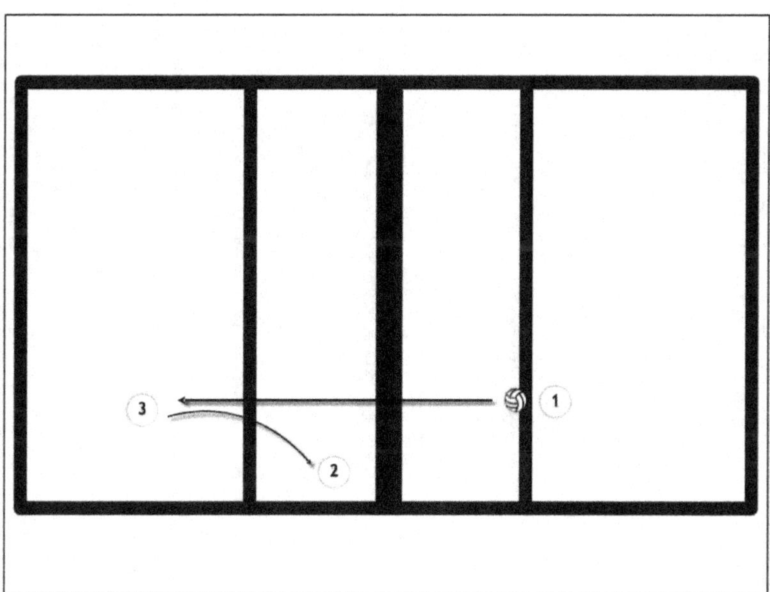

Ejercicio Nº 54	Objetivo Principal	Asimilar la técnica de antebrazos
	Objetivos Secundarios	Precisión
Medios Técnico-Tácticos	Pase de antebrazos, saque	
Jugadores	4 jugadores	Campo	18x9m
Material	3 balones, red	Tiempo	15 min

Explicación

Saque y recepción:

1 saca a 3, quien recibe el balón, va a buscarlo y se coloca detrás de 4. 1, después de sacar, se adelanta para recibir el balón que va a sacar 4, recogerlo y ponerse detrás de 2. 2 sacará a 4 que la recibirá y se dirigirá detrás de 3, y así sucesivamente en una rueda continua.

El objetivo es trabajar la precisión de las recepciones e intentar que la rueda no pare.

Observaciones	

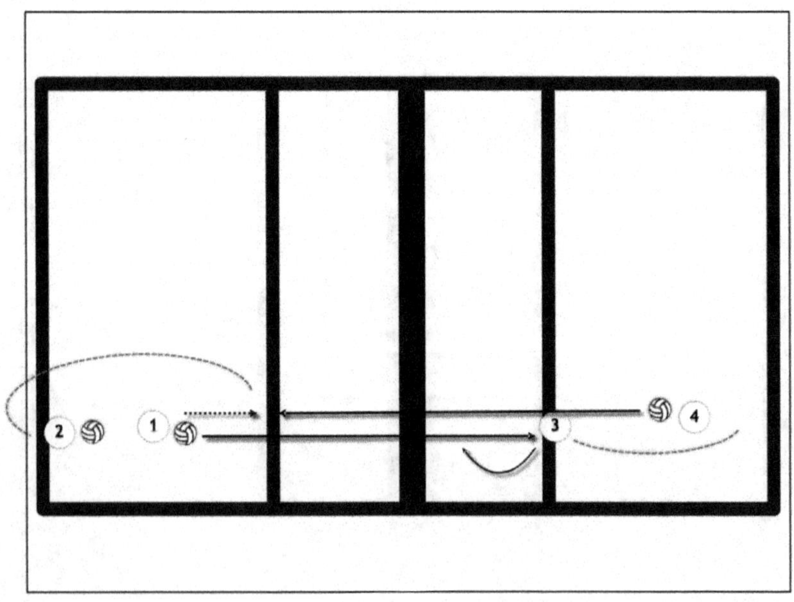

Ejercicio Nº 55	Objetivo Principal	Asimilar la técnica de antebrazos
	Objetivos Secundarios	Cálculo de trayectoria del balón, velocidad
Medios Técnico-Tácticos	Pase de antebrazos	
Jugadores	2 jugadores	Campo	9x9m
Material	1 balón	Tiempo	10 min

Explicación

1 lanza el balón a 1-1,5 metros de 2, ya sea hacia la derecha, la izquierda, delante o detrás. 2 debe desplazarse correctamente y devolverle de antebrazos el balón a 1. Después de 10 pases los jugadores intercambian sus papeles.

Observaciones

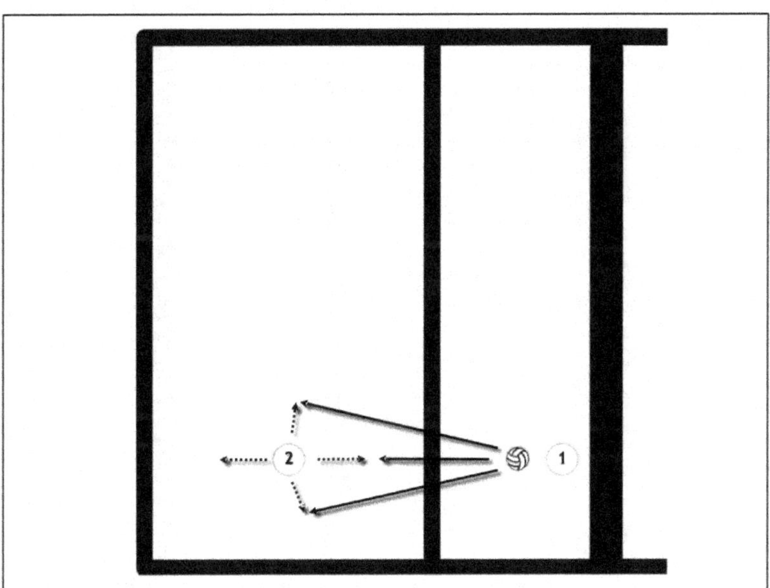

Ejercicio Nº 56	Objetivo Principal	Asimilar la técnica de antebrazos
	Objetivos Secundarios	Cálculo de trayectoria del balón, velocidad, precisión
Medios Técnico-Tácticos	Pase de antebrazos	
Jugadores	4 jugadores	Campo	9x9m
Material	1 balón	Tiempo	15 min

Explicación

Dos grupos de dos jugadores enfrentados a unos 5-6 metros de distancia: 1 saca de dedos y se dirige corriendo a la fila del equipo contrario, detrás de 4. 3 recibe el balón de antebrazos, se lo pasa a 2 y sale corriendo detrás de él. Así sucesivamente en una rueda dinámica.

Excepto el saque, todos los contactos con el balón son de antebrazos.

Observaciones

Los grupos pueden estar formados por más de dos componentes, siempre teniendo en cuenta que no estén demasiado tiempo esperando.

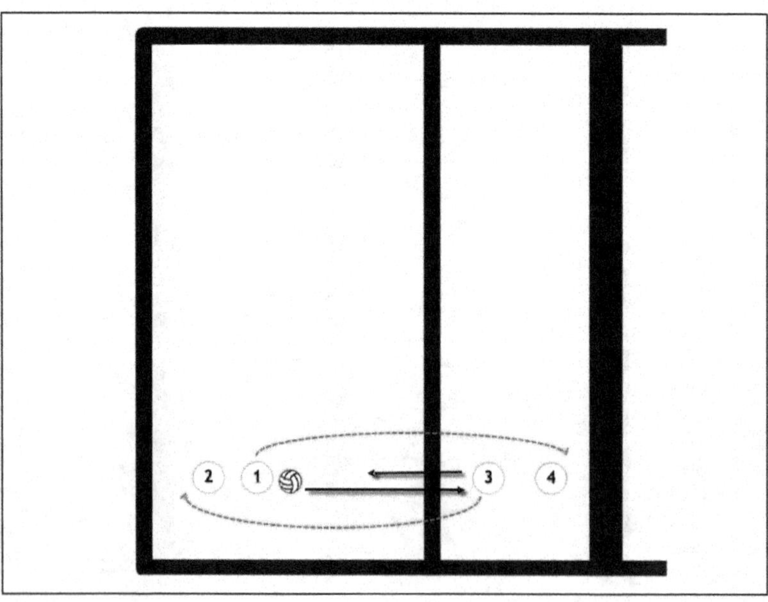

Ejercicio Nº 57	Objetivo Principal	Asimilar la técnica de antebrazos
	Objetivos Secundarios	Cálculo de trayectoria del balón, orientación, precisión
Medios Técnico-Tácticos	Pase de antebrazos	
Jugadores	3 jugadores	Campo	9x9m
Material	1 balón	Tiempo	15 min
Explicación		

Posición inicial en forma de triángulo: 1 y 2, 3 y 2 a seis-siete metros de distancia, y entre 1 y 3 cinco metros.

El jugador 3 envía el balón a 2, que se orienta y lo pasa a 1. Este último le devuelve el balón a 2, y 2 se lo devuelve a 3.

Cuando 2 se orienta lo que debe hacer es retroceder un paso el pie contrario al lado donde va a dirigir la bola, también levantará el hombro y flexionará el tronco para orientar la pelota al compañero.

Después de haber efectuado 10 pases los jugadores intercambian posiciones.

Observaciones

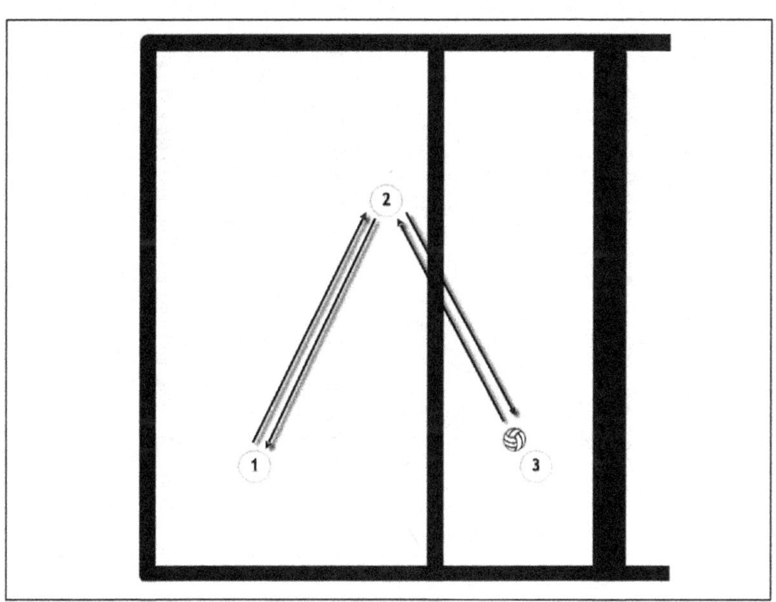

Ejercicio Nº 58	Objetivo Principal	Asimilar el gesto técnico del pase de antebrazos
	Objetivos Secundarios	Buscar la coordinación, la direccionalidad y el dominio del balón
Medios Técnico-Tácticos	Pase de antebrazos	
Jugadores	4 jugadores	Campo	9x9
Material	2 balones	Tiempo	7 min
Explicación			

Se harán grupos de 4 personas con dos balones. Se colocarán formando un cuadrado. Los jugadores 1 que   tienen el balón tendrán que hacer un pase de antebrazo simultáneamente a los jugadores 2. A continuación los jugadores 2 se la devolverán a los jugadores 1 con un pase de antebrazo pero en diagonal. Cuando el entrenador pite serán los jugadores 1 los que pasen en diagonal.

Observaciones	Lo importante de este ejercicio es mantener el ritmo constante del pase de antebrazos y que vaya a la zona adecuada del compañero.

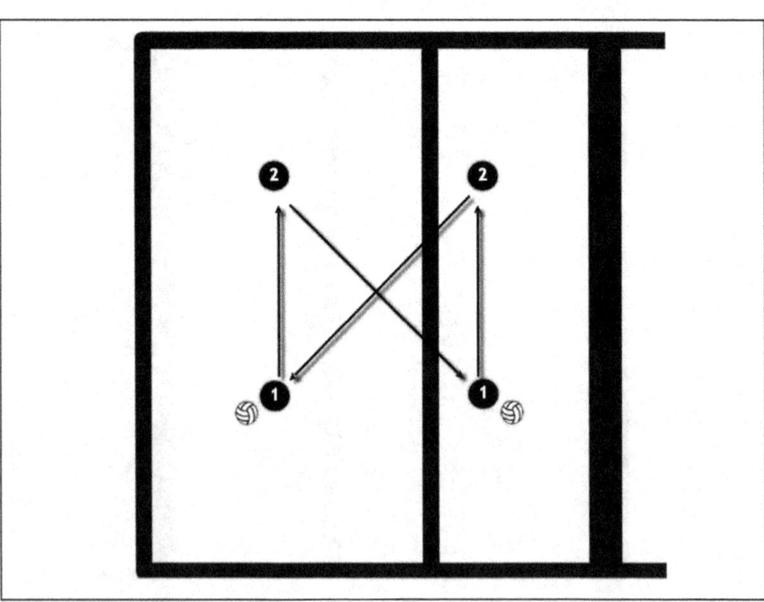

Ejercicio Nº 59	Objetivo Principal	Asimilar el gesto técnico del pase de antebrazos
	Objetivos Secundarios	Buscar la coordinación, la direccionalidad y el dominio del balón
Medios Técnico-Tácticos	Pase de antebrazos y pase de dedos	
Jugadores	2 jugadores	Campo	9x9
Material	1 balón	Tiempo	8 min

Explicación

Los jugadores se colocarán por parejas con un balón. El jugador 1 se colocará cerca de la red dándole la espalda a esta y con la posesión del balón y el jugador 2 estará en la línea de ataque esperando para recibirlo. Comenzará el jugador 1 cogiendo libremente el pase que quiera dar al jugador 2 que la devolverá siempre con un pase de antebrazos a su compañero. A las 10 repeticiones cambian el rol.

Observaciones	A medida que vayan adquiriendo más nivel se aumentará la distancia entre los jugadores.

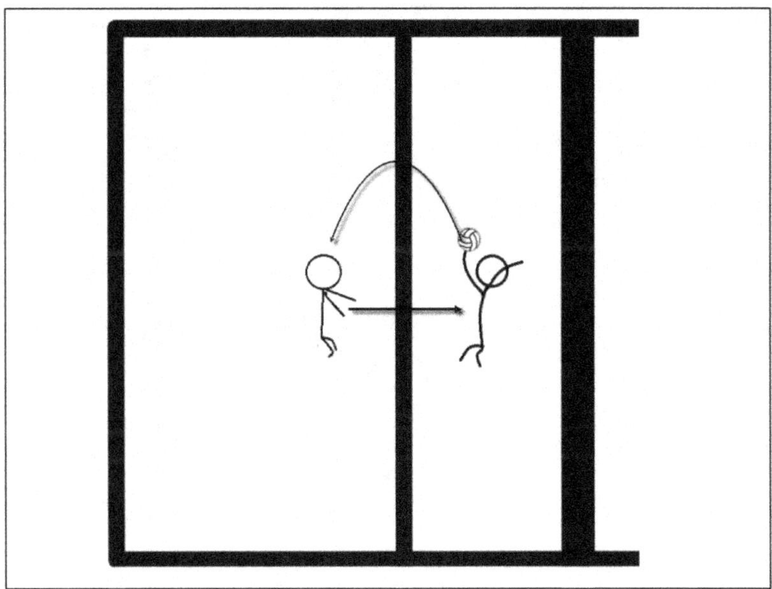

Ejercicio Nº 60	Objetivo Principal	Asimilar el gesto técnico del pase de antebrazos	
	Objetivos Secundarios	Buscar la coordinación, la direccionalidad y el dominio del balón	
Medios Técnico-Tácticos	Pase de antebrazos y pase de dedos		
Jugadores	6 jugadores	Campo	9x9
Material	2 balones	Tiempo	10 min
Explicación			

Los jugadores estarán en grupos de 3 jugadores en forma de triángulo cada uno con un balón . Estos dos grupos estarán entrelazados. Dos de los tres jugadores estarán colocados pegados a la red y podrán pasar de forma   libre y el tercero estará colocado en la línea de ataque para recibir y pasar de antebrazos siempre al compañero que no ha tocado el balón y que esta en la red. Cuando hayan realizado 7-8 pases rotarán en sentido de las agujas del reloj.

Observaciones

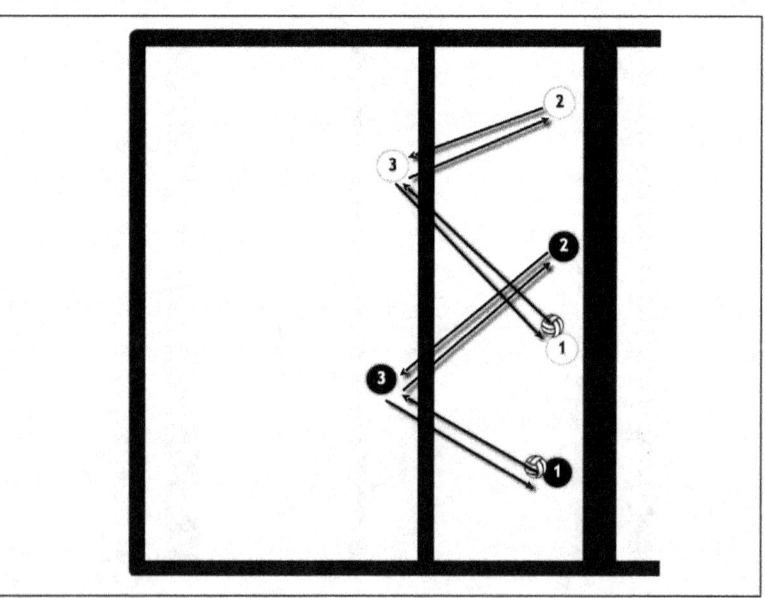

Ejercicio Nº 61	Objetivo Principal	Asimilar el gesto técnico del pase de antebrazos
	Objetivos Secundarios	Buscar la coordinación, la direccionalidad y el dominio del balón
Medios Técnico-Tácticos	Pase de antebrazos y pase de dedos	
Jugadores	4 jugadores	Campo	9x9
Material	1 balón	Tiempo	10 min

Explicación

En el ejercicio habrá 4 jugadores, 3 de ellos se colocarán uno en la zona II, otro en la zona III, otro en la zona IV y el último jugador se colocará en zona VI. Comenzará el jugador 1 que esta en zona III haciendo un pase de dedos al jugador 2 que esta en zona VI, este tendrá que hacer un pase de antebrazos al jugador 3 que esta en zona II (Opción B) o al jugador 4 que esta en zona IV (Opción A), sin poder pasarle al jugador 1. Cuando el   jugador 3 o 4 reciban el balón estos deben pasarle obligatoriamente al jugador 1 para comenzar de nuevo.

Observaciones

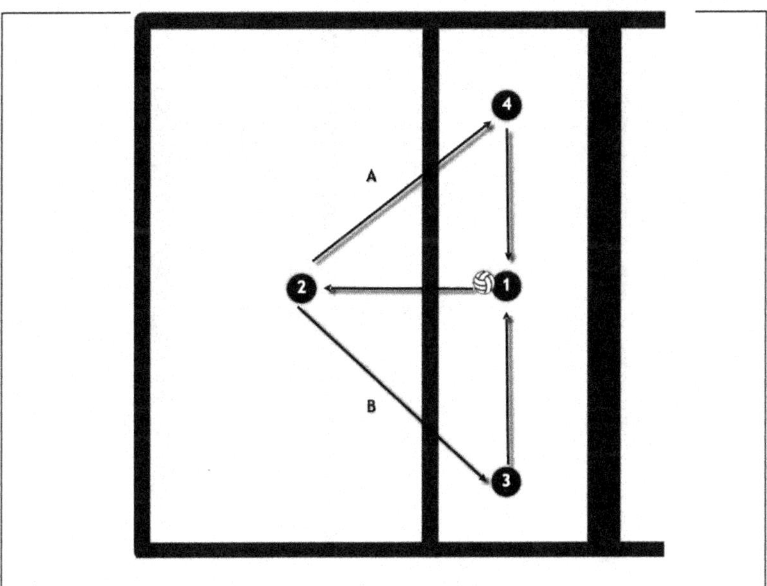

Ejercicio Nº 62	Objetivo Principal	Asimilar el gesto técnico del pase de antebrazos
	Objetivos Secundarios	Buscar la coordinación, la direccionalidad y el dominio del balón
Medios Técnico-Tácticos	Pase de antebrazos y pase de dedos	
Jugadores	6 jugadores	Campo	9x9
Material	3 balones	Tiempo	8 min

Explicación

Los jugadores se colocarán por parejas situándose en la zona II,III,IV los jugadores con balón y en las zonas I,V, VI sus respectivas parejas sin balón. El jugador 1 tendrá que hacerle un pase de dedos al jugador 2 y este devolvérsela con un pase de antebrazos y simultáneamente el jugador 3 hará los mismo con el jugador 4 y el jugador 5 con el jugador 6. Cuando hayan realizado 7-8 pases girarán en sentido de las agujas del reloj.

Observaciones	Con la adquisición de más nivel podremos incluir más dificultad aumentando la velocidad o cambiando la trayectoria del balón.

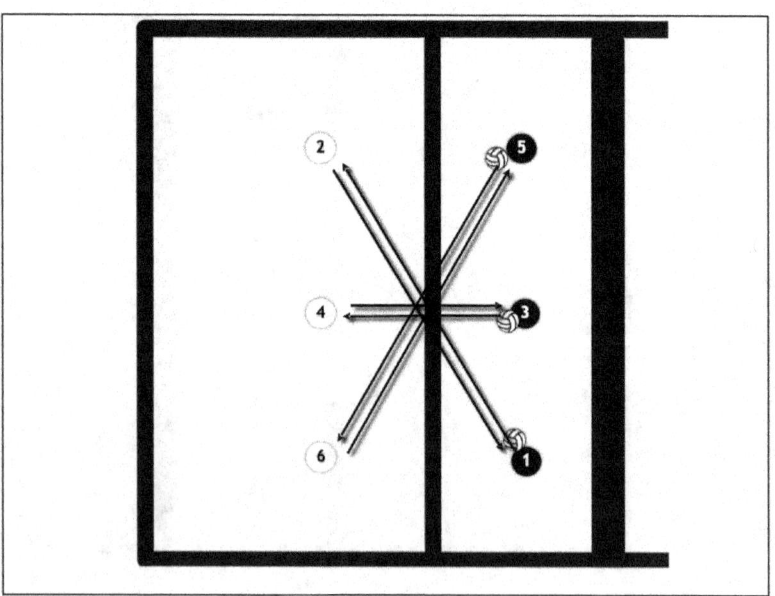

Ejercicio Nº 63	Objetivo Principal	Asimilar el gesto técnico del pase de antebrazos
	Objetivos Secundarios	Buscar la coordinación, la direccionalidad y el dominio del balón
Medios Técnico-Tácticos	Pase de antebrazos y pase de dedos	
Jugadores	6 jugadores	Campo	9x9
Material	2 balones	Tiempo	8 min

Explicación
Habrá dos jugadores con balón. El jugador 1 se colocará en zona II y el jugador 2 en zona IV. Los otros jugadores estarán repartidos de tal manera que el jugador 3 y 4 se colocarán en zona I en fila y el jugador 5 y 6 estarán en zona V también en fila. El ejercicio comienza con los jugadores con balón que realizaran simultáneamente un pase de dedos a los jugadores que tienen en su diagonal y estos se desplazaran para recibirla y pasarla de antebrazos otra vez a sus compañeros. Una vez hayan efectuado el pase de antebrazos correrán a la fila de la zona contraria a la que estaban. Por último los jugadores que están en la zona I y IV se cambiarán los roles con sus compañeros cada 8-9 pases.
Observaciones

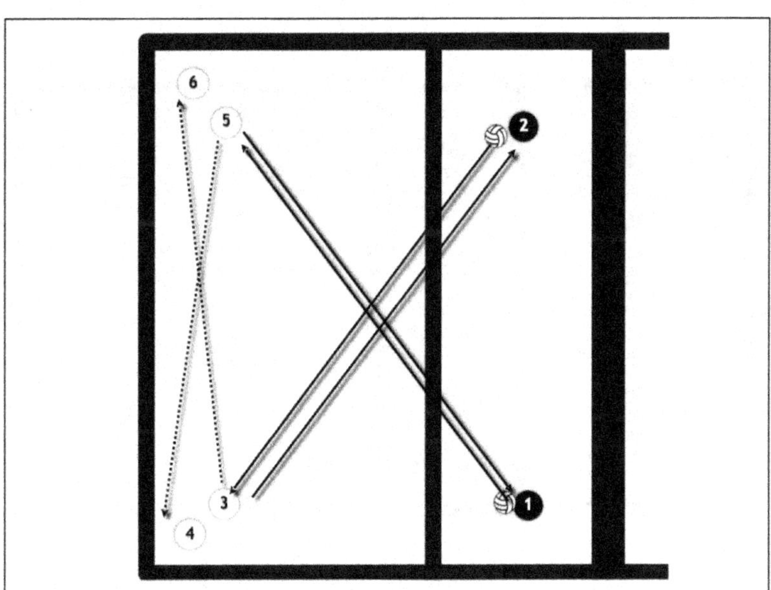

Ejercicio Nº 64	Objetivo Principal	Asimilar el gesto técnico del pase de antebrazos
	Objetivos Secundarios	Buscar la coordinación, la direccionalidad y el dominio del balón
Medios Técnico-Tácticos	Pase de antebrazos y pase de dedos	
Jugadores	6 jugadores	Campo	9x9
Material	2 balones	Tiempo	8 min

Explicación

Dos jugadores con balón se colocarán en zona II y IV y el resto se pondrá dos jugadores en fila en zona I y otros dos jugadores en zona V. Los jugadores con balón efectuarán un pase de dedos simultáneamente a los jugadores de su diagonal, los primeros de la fila se la devolverán con un pase de antebrazo de forma paralela a sus compañeros (Situación A) y el compañero que esta detrás y pasa a efectuar el pase lo hará con una dirección diagonal (Situación B). Una vez realizado el pase de antebrazos pasarán a la fila de la zona contraria a la que estaban y los jugadores que estaban realizando pase de dedos cambiarán sus roles cada 7-8 pases. En representación se pueden observar las A y B situación.

Observaciones

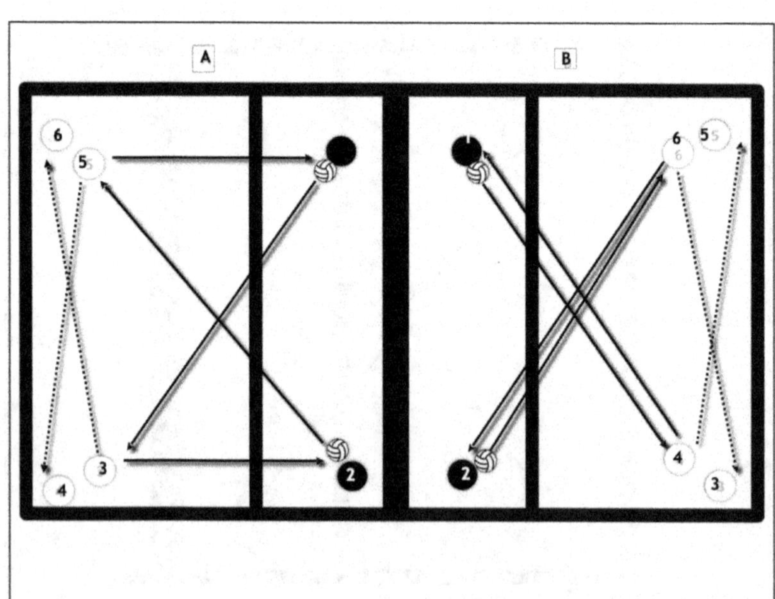

Ejercicio Nº 65	Objetivo Principal	Asimilar el gesto técnico del pase de antebrazos	
	Objetivos Secundarios	Buscar la coordinación, la direccionalidad y el dominio del balón	
Medios Técnico-Tácticos	Pase de antebrazos		
Jugadores	6 jugadores	Campo	9x9
Material	3 balones	Tiempo	8 min
Explicación			

Se colocarán 3 jugadores en la zona II,III,IV y otros 3 jugadores con balón a unos pocos metros detrás de la línea de ataque. El ejercicio comenzará con los jugadores con balón que se lanzarán a ellos mismo el balón hacia arriba para hacer un pase de antebrazos con una trayectoria alta a sus respectivos compañeros de la red y que tienen en frente en el caso del jugador 1 y 2 en paralelo o en diagonal como los jugadores 3 y 4 y los jugadores 5 y 6. Los jugadores recibirán el balón saltando a por él y con los brazos rectos.

Observaciones	Si reciben el balón con los brazos rectos será una buena señal de que están realizando un buen pase de antebrazos.

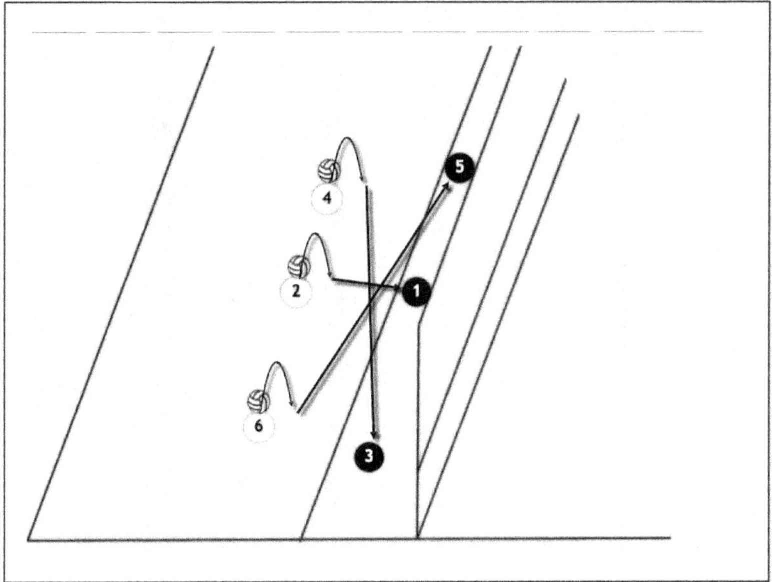

Ejercicio Nº 66	Objetivo Principal	Asimilar el gesto técnico del pase de antebrazos
	Objetivos Secundarios	Buscar la direccionalidad, la trayectoria y el dominio del balón
Medios Técnico-Tácticos	Pase de antebrazos y pase de dedos	
Jugadores	6 jugadores	Campo	9x9
Material	1 balón	Tiempo	7 min

Explicación

La disposición de los jugadores será 3 colocados en la zona II,III,IV y otros 3 colocados en fila en zona I. Comienza el jugador que está de zona II, haciendo un pase de dedos al jugador que está en zona I y este finalmente realizará un pase de antebrazos con una trayectoria alta hacia la red puede elegir si pasar a zona III (Opción A) o IV (Opción B) y esos jugadores la recibirán cogiéndolas con las manos. Una vez que el jugador de zona I ha efectuado el pase de antebrazos se desplaza al último de la fila. Cuando se hayan realizado 7-8 pases cada uno podrán cambiar los roles con los compañeros de la red.

Observaciones	

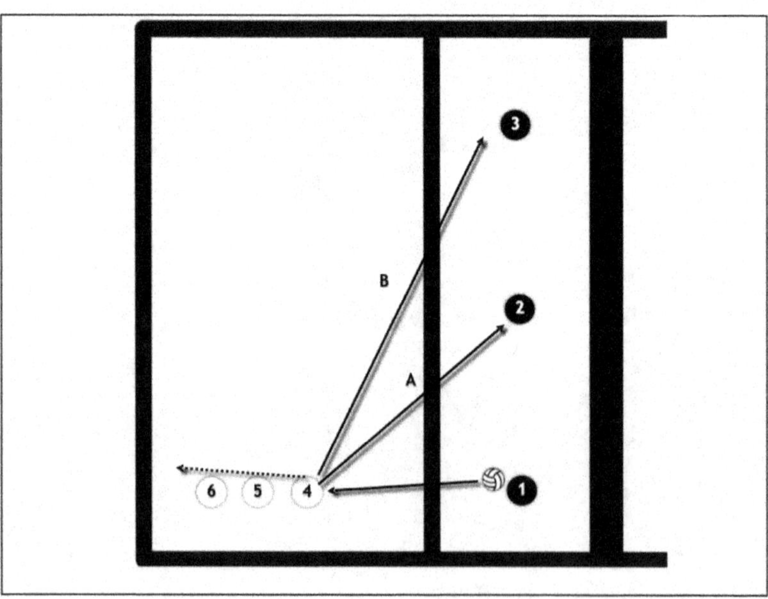

Ejercicio Nº 67	Objetivo Principal	Asimilar el gesto técnico del pase de antebrazos
	Objetivos Secundarios	Buscar la trayectoria, la direccionalidad y el dominio del balón
Medios Técnico-Tácticos	Pase de antebrazos y pase de dedos	
Jugadores	6 jugadores	Campo	9x9
Material	1 balón	Tiempo	7 min

Explicación

Los jugadores estarán colocados 3 de ellos en la zona II,III,IV y otros 3 colocados en fila en zona V. Comienza el jugador que está de zona IV, haciendo un pase de dedos al jugador que está en zona V y este finalmente realizará un pase de antebrazos con una trayectoria alta hacia la red puede elegir si pasar a zona III (Opción A) o II (Opción B) y esos jugadores la recibirán cogiéndolas con las manos. Una vez que el jugador de zona V ha efectuado el pase de antebrazos se desplaza al último de la fila. Cuando se hayan realizado 7-8 pases cada uno podrán cambiar los roles con los compañeros de la red.

Observaciones	Es importante cuando adquieren cierto nivel trabajar las diferentes zonas del campo.

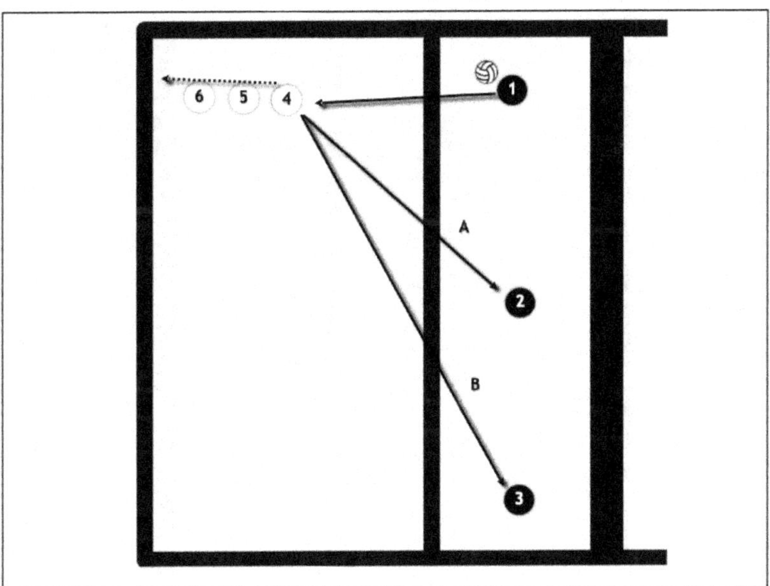

Ejercicio Nº 68	Objetivo Principal	Asimilar el gesto técnico del pase de antebrazos
	Objetivos Secundarios	Buscar la trayectoria, la direccionalidad y el dominio del balón
Medios Técnico-Tácticos	Pase de antebrazos	
Jugadores	4 jugadores	Campo	9x9
Material	1 balón	Tiempo	8 min

Explicación		

Habrá 3 jugadores colocados cada uno en un cono pegados a la red con un balón por jugador y el último jugador estará detrás del cono en zona I, si hubiera más jugadores se colocarían en fila detrás de este compañero. Comienza el ejercicio lanzándole el balón el jugador 1 al jugador 2 de forma que le caiga lo más adecuado posible, este lo recibirá y realizará un pase de antebrazos al jugador 3, este cogerá el balón con las manos. A continuación el jugador 2 se desplaza al siguiente cono que tiene a la izquierda para recibir el balón que le lanzará el jugador 3 y después hará un pase de antebrazos al jugador 4 este realizara el mismo proceso que los anteriores y el jugador 2 volverá a desplazarse para recibir y pasar el balón, pero esta vez al jugador 4.

Observaciones	Se debe ajustar las distancias de pase dependiendo del nivel del jugador.

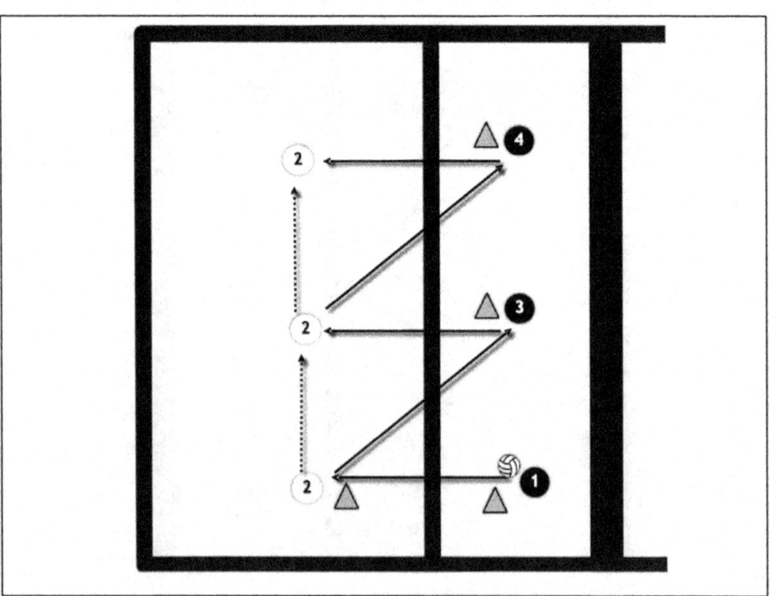

Ejercicio Nº 69	Objetivo Principal	Asimilar el gesto técnico del pase de antebrazos
	Objetivos Secundarios	Buscar la trayectoria, la direccionalidad y el dominio del balón
Medios Técnico-Tácticos	Pase de antebrazos	
Jugadores	4 jugadores	Campo	9x9
Material	2 balones	Tiempo	10 min
Explicación			

Se colocará 3 jugadores en la zona de ataque uno en zona III con dos balones y pegado a la red y los otros 2 uno ira en zona II separado unos metros de la red y otro en zona IV colocado igual. El último jugador estará colocado en zona VI. El ejercicio comienza con el jugador de zona III que le lanza un primer balón con una trayectoria alta al jugador de zona VI, este lo recibe y efectúa un pase de antebrazos hacia el jugador de zona II y seguidamente el jugador de zona III le lanza un segundo balón al jugador de zona VI que volverá a recibirla y pasarla con un pase de antebrazos al jugador de la zona IV. Los jugadores de zona II y IV deberán recibir el balón en salto con los brazos rectos. Cuando hayan realizado 7-8 pases cambiarán los roles.

Observaciones

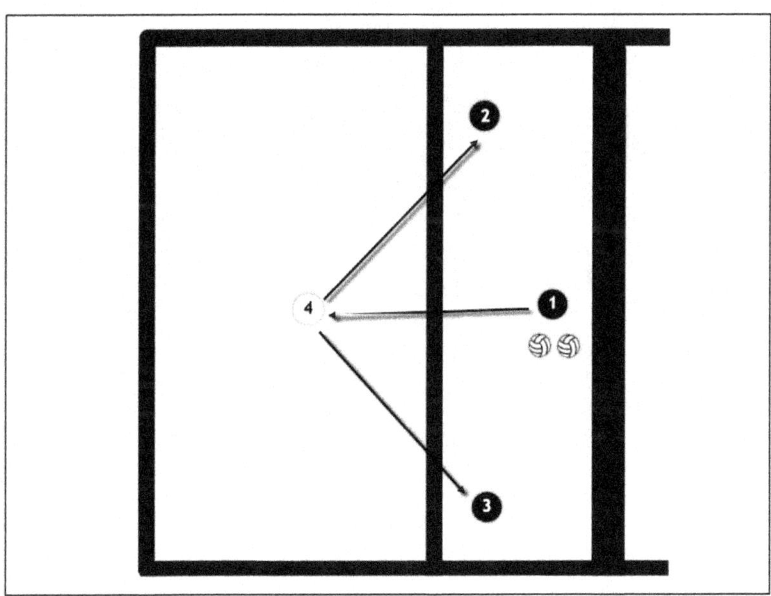

Ejercicio Nº 70	Objetivo Principal	Asimilar la técnica de remate
	Objetivos Secundarios	Coordinación: salto-armado de brazo-lanzamiento
Medios Técnico-Tácticos	Remate	
Jugadores	1 jugador	Campo	
Material	1 pelota de tenis	Tiempo	15 min
Explicación			

El ejercicio consiste en lanzar una pelota de tenis por encima de la red después de un salto vertical. Es importante explicar a los jugadores (diestros) que:

- Deben lanzar la pelota al alcanzar el punto máximo del salto

- La proyección del brazo debe ser hacia adelante y enérgica

- Durante la elevación ambos brazos van hacia arriba , el izquierdo es el que primero baja y tiene la función de apuntar, mientras que el brazo derecho se arma manteniendo el codo siempre alto.

- La caía debe ser simultánea

Observaciones

Ejercicio Nº 71	Objetivo Principal	Asimilar la técnica de remate	
	Objetivos Secundarios	Coordinación: batida-salto-lanzamiento	
Medios Técnico-Tácticos	Remate		
Jugadores	1 jugador	Campo	
Material	1 pelota de tenis	Tiempo	15 min
Explicación			

El ejercicio consiste en hacer la carrera o batida de remate lanzando la pelota de tenis en el punto más alto. Es importante explicar a los jugadores (diestros) que:

- El último paso de la batida debe ser largo.

- El jugador no debe saltar hacia adelante o batir con una sola pierna.

- El brazo que no va a lanzar la pelota, también debe elevarse para apuntar.

- La pelota debe lanzarse al alcanzar el punto máximo del salto.

Observaciones

Ejercicio Nº 72	Objetivo Principal	Asimilar la técnica de remate	
	Objetivos Secundarios	Coordinación: salto-armado de brazo-lanzamiento	
Medios Técnico-Tácticos	Remate		
Jugadores	5 jugador	Campo	18x9m
Material	4 balones, red	Tiempo	15 min
Explicación			

El ejercicio consiste en rematar el balón desde zona III. El entrenador lanza el balón con las dos manos justo cuando el jugador despega del suelo. El jugador debe determinar la distancia idónea para comenzar la batida y no quedarse ni muy lejos ni muy cerca de la red. El salto debe ser vertical.

El remate se puede hacer también desde zona VI y desde zona II, y el entrenador enseñará las diferentes formas de aproximación: en diagonal en IV y el línea recta en II.

Después de rematar, el jugador recoge el balón, lo coloca en el carro y se dirige al final de la cola.

Observaciones	Si no se llega a coordinar el lanzamiento del entrenador con la batida del jugador, el entrenador podrá subirse a un plinto y mantener el balón estático para que el jugador lo golpee.

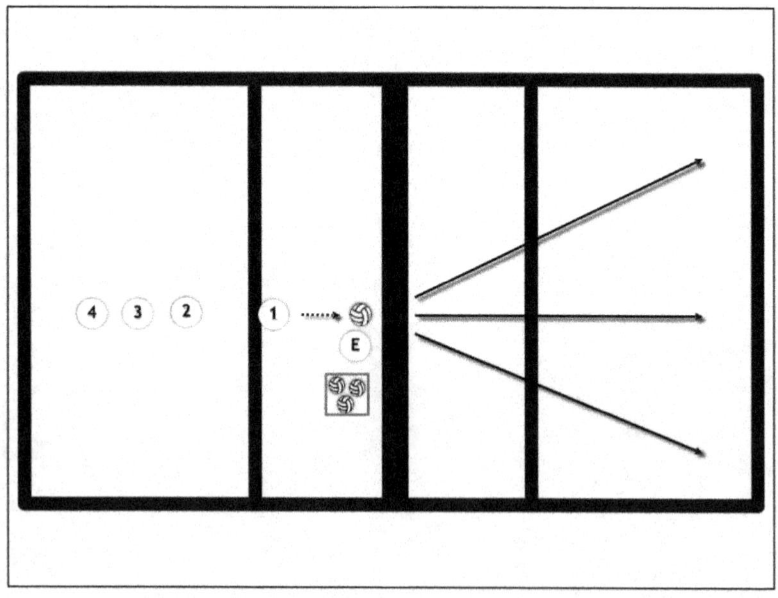

Ejercicio Nº 73	Objetivo Principal	Asimilar la técnica de remate
	Objetivos Secundarios	Coordinación: salto-armado de brazo-lanzamiento

Medios Técnico-Tácticos	Remate		
Jugadores	5 jugador	Campo	18x9m
Material	4 balones, red	Tiempo	15 min

Explicación
El ejercicio consiste en rematar un balón desde zona IV lanzado por el entrenador desde zona III. El entrenador explicará a los jugadores: - Dirección de la batida oblicua a la red - Jugador debe ser capaz de determinar el momento de iniciar la aproximación y el punto de inicio de la batida. - El jugador debe ser capaz de aprovechar la fuerza que le proporciona la cadena cinética - La caída debe ser equilibrada y simultánea Después del remate el jugador va en busca de la pelota, la coloca en el carro y se dirige al final de la cola.

Observaciones	

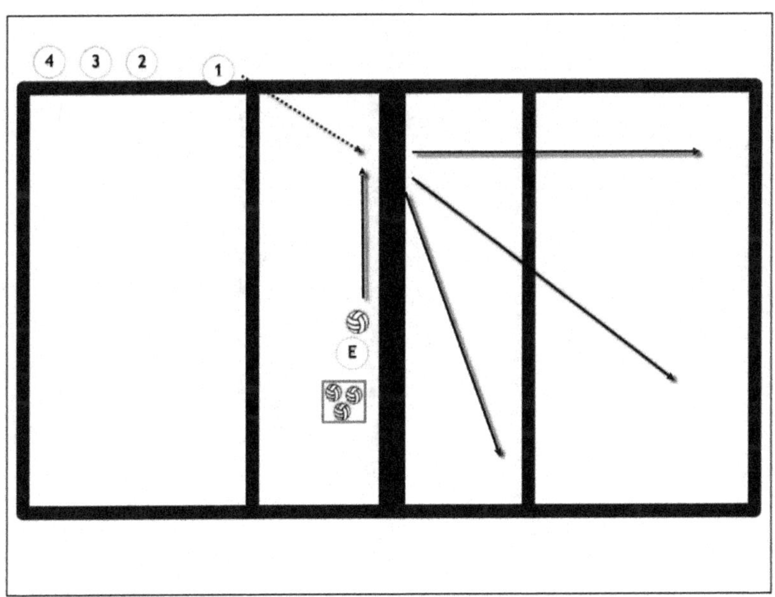

Ejercicio Nº 74	Objetivo Principal	Asimilar la técnica de remate	
	Objetivos Secundarios	Coordinación: salto-armado de brazo-lanzamiento	
Medios Técnico-Tácticos	Remate		
Jugadores	4 jugador	Campo	18x9m
Material	4 balones, red	Tiempo	20 min
Explicación			
El ejercicio consiste en rematar un balón en zona III lanzado por el propio rematador (autolanzamiento). El balón puede lanzarse con una o dos manos, y es el propio jugador quien, a base de error-acierto, determina la altura óptima de lanzamiento para que le de tiempo a hacer la batida y golpee el balón en el punto más alto.			
Observaciones			

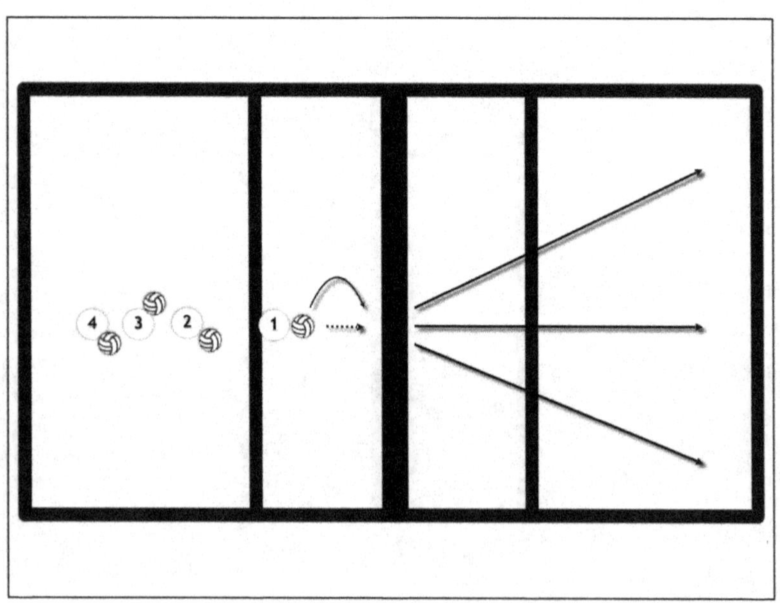

Ejercicio Nº 75	Objetivo Principal	Asimilar la técnica de remate
	Objetivos Secundarios	Ajustar la carrera a la altura y velocidad del balón

Medios Técnico-Tácticos	Remate		
Jugadores	5 jugador	Campo	18x9m
Material	4 balones, red	Tiempo	15 min

Explicación

El ejercicio consiste en rematar por zona III diversos balones lanzados a diferentes alturas por el entrenados desde zona II. El jugador debe determinar el momento idóneo para iniciar la carrera, la velocidad y la dirección de esta.

También pueden rematar desde zona IV y zona II, o decir antes hacia dónde vana dirigir el ataque.

Observaciones

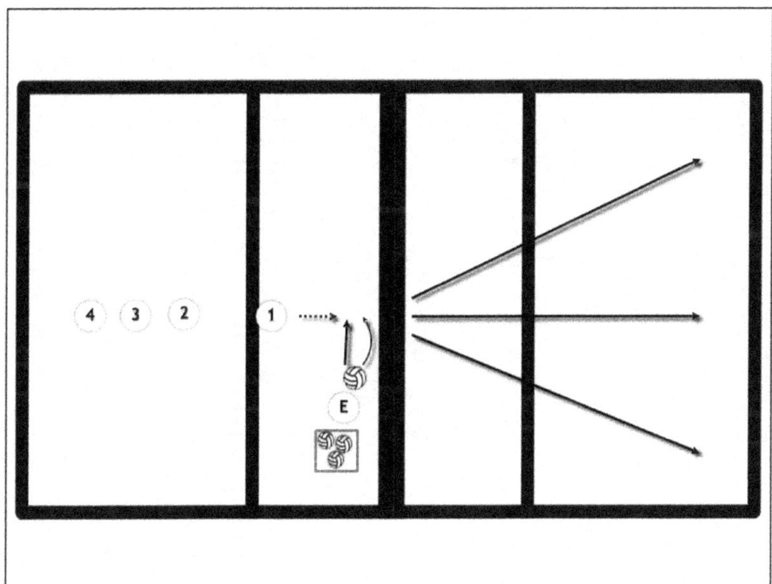

Ejercicio Nº 76	Objetivo Principal	Asimilar el gesto técnico del remate
	Objetivos Secundarios	Buscar la perfección del remate
Medios Técnico-Tácticos	Remate y bloqueo	
Jugadores	2 jugadores	Campo	18x9
Material	1 balón y red	Tiempo	8 min

Explicación

Habrá 2 jugadores uno de ellos estará subido en un pequeño banco para subirse y simular una situación real de   bloqueo y el otro se colocará detrás de la línea de ataque en zona V, este jugador se hará un autopase y realizará un remate en el punto más alto por zona V donde se encontrará con el bloqueo de su compañero. Cuando termine se ira al final de la fila.

Observaciones	
	Es importante hacer una autolanzamiento con una trayectoria alta.

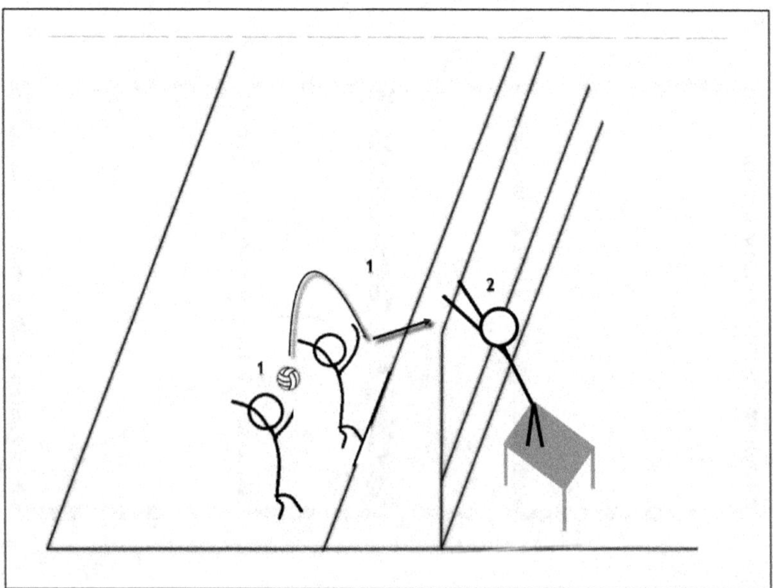

Ejercicio Nº 77	Objetivo Principal	Asimilar el gesto técnico del remate
	Objetivos Secundarios	Buscar la perfección del remate y el timing

Medios Técnico-Tácticos	Remate		
Jugadores	2 jugadores	Campo	9x9
Material	3 balones y red	Tiempo	10 min

Explicación

El jugador estará colocado detrás de la línea de ataque en zona III y detrás de él sus compañeros. Por otra parte estará el entrenador que se colocará cerca de la zona III pero alejándose a unos metros. El ejercicio sería lanzarle 3 balones el entrenador al jugador, cada balón con distintas trayectorias: el balón A con una trayectoria semicorto, el balón B con una trayectoria corta y el balón C con una trayectoria semicorto atrás.

Observaciones	Es importante trabajar el timing para rematar adecuadamente.

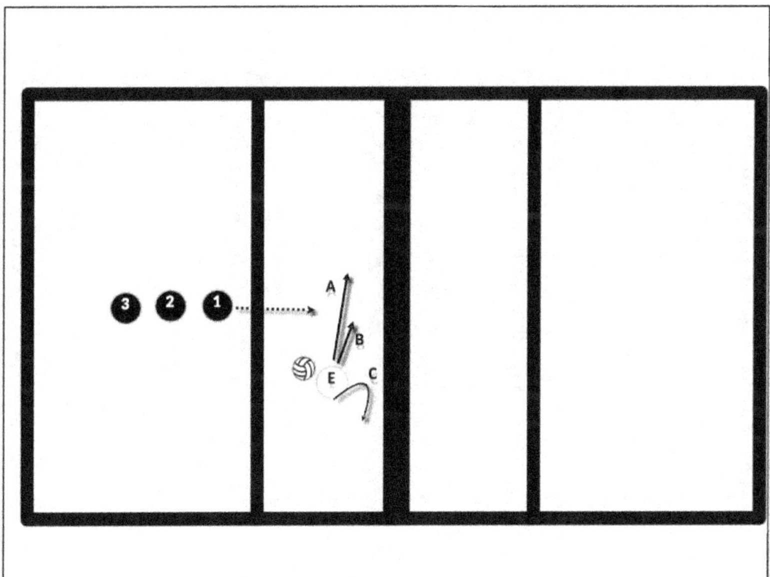

Ejercicio Nº 78	Objetivo Principal	Asimilar el gesto técnico del remate
	Objetivos Secundarios	Buscar la perfección del remate, el timing y rematar en diferentes zonas del campo.
Medios Técnico-Tácticos	Remate	
Jugadores	4 jugadores	Campo	9x9
Material	3 balones y red	Tiempo	10 min
Explicación		

Habrá 3 jugadores: uno estará colocado en zona II, otro en zona III y otro en zona IV. Colocados todos para cuando le lance el balón el entrenador poder rematar al campo contrario. El entrenador estará colocado a unos metros de la zona III para lanzar el 1º balón al jugador de zona II, el 2º balón para el jugador de zona III y el 3º balón al jugador de la zona IV. Cuando hayan realizado 6-7 remates se cambiarán de zonas.

Observaciones	

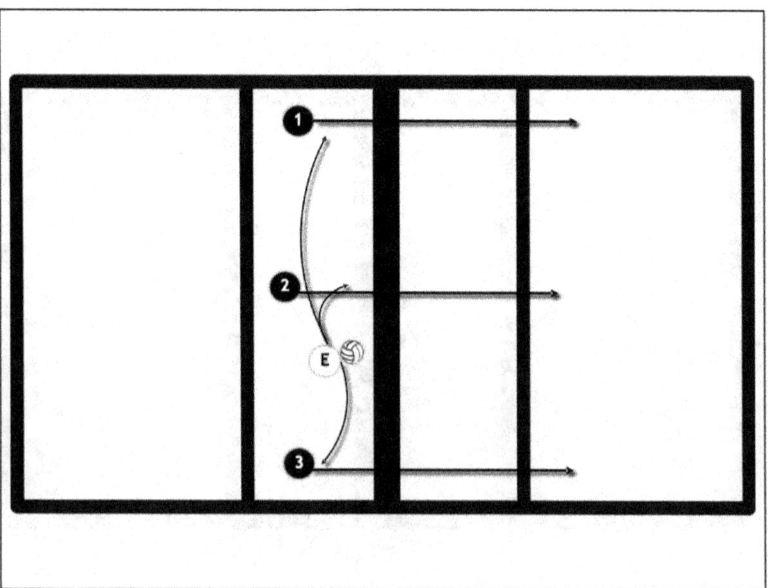

Ejercicio Nº 79	Objetivo Principal	Asimilar el gesto técnico del remate
	Objetivos Secundarios	Buscar la perfección del remate, el timing , rematar en diferentes zonas del campo y coordinación de pasos.
Medios Técnico-Tácticos	Remate	

Jugadores	4 jugadores	Campo	9x9
Material	3 balones, 9 conos y red	Tiempo	10 min

Explicación

Habrá 3 jugadores: uno estará colocado en zona II, otro en zona III y otro en zona IV. Colocados todos para cuando le lance el balón el entrenador poder rematar al campo contrario. El entrenador estará colocado a unos metros de la zona III para lanzar el 1º balón al jugador de zona II con una colocación semiatrás, el 2º balón para el jugador de zona III con una colocación semicorta y el 3º balón al jugador de la zona IV con una colocación alta. El jugador previamente al remate tiene que hacer zig-zag por los conos y seguidamente hacer una carrera de aproximación de tres pasos.

Observaciones	La carrera de aproximación se realiza 1º con apoyo con la pierna izquierda seguidamente la pierna derecha y por último la pierna izquierda.

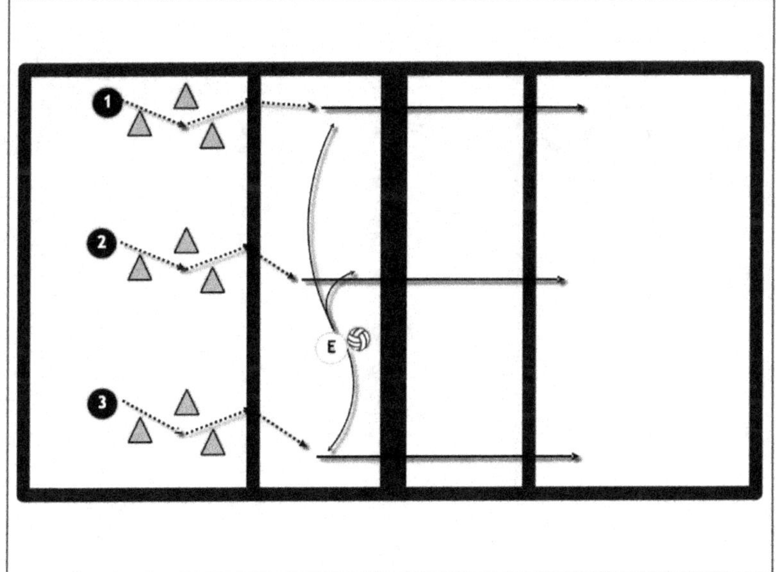

Ejercicio Nº 80	Objetivo Principal	Asimilar el gesto técnico del remate
	Objetivos Secundarios	Buscar la perfección del remate, el timing , rematar en diferentes zonas del campo y coordinación de pasos.
Medios Técnico-Tácticos	Remate	
Jugadores	2 jugadores	Campo	9x9
Material	1 balón y red	Tiempo	8 min
Explicación		

La disposición de los jugadores será uno detrás de la línea de ataque de la zona IV, si hubiera más de dos jugadores se colocarían en fila detrás de este jugador. El otro jugador estará en zona III para realizar una colocación a zona IV para que su compañero remate a zona I del campo contrario. El jugador para rematar debe antes realizar los pasos de aproximación. Una vez efectuado el gesto técnico el jugador que a rematado cambiara el rol con el jugador de zona III y este se colocará en la fila para posteriormente rematar.

Observaciones

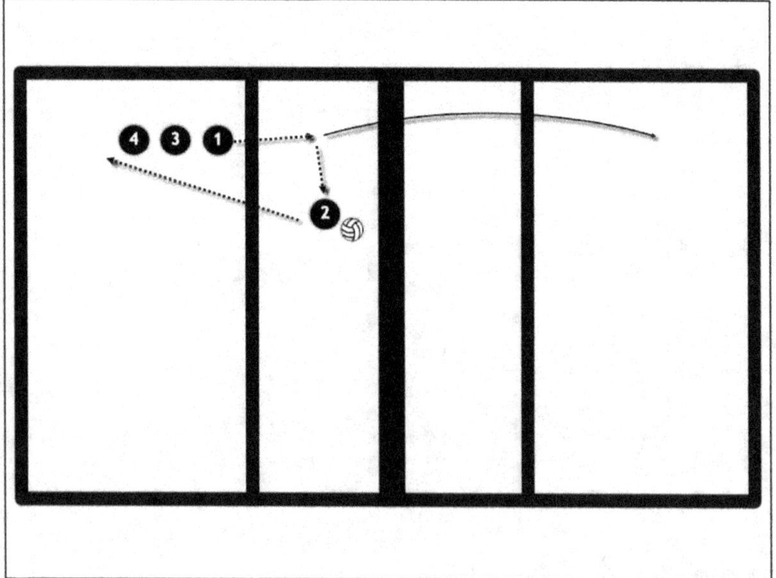

Ejercicio Nº 81	Objetivo Principal	Asimilar el gesto técnico del remate	
	Objetivos Secundarios	Buscar la perfección del remate, el timing , rematar en diferentes zonas de colocación y coordinación de pasos.	
Medios Técnico-Tácticos	Remate		
Jugadores	2 jugadores	Campo	18x9
Material	1 balón y red	Tiempo	8 min
Explicación			

La disposición de los jugadores será uno detrás de la línea de ataque de la zona IV, si hubiera más de dos jugadores se colocarían en fila detrás de este jugador. El otro jugador estará en zona II para realizar una colocación a zona IV para que su compañero remate a zona I del campo contrario. El jugador para rematar debe antes realizar los pasos de aproximación. Una vez efectuado el gesto técnico el jugador que a rematado cambiara el rol con el jugador de zona III y este se colocará en la fila para posteriormente rematar.

Observaciones	El colocador esta a mucha distancia del jugadores, este deberá tener en cuenta en la carrera de impulso: la dirección, la velocidad y el momento e el que debe saltar y golpear el balón.

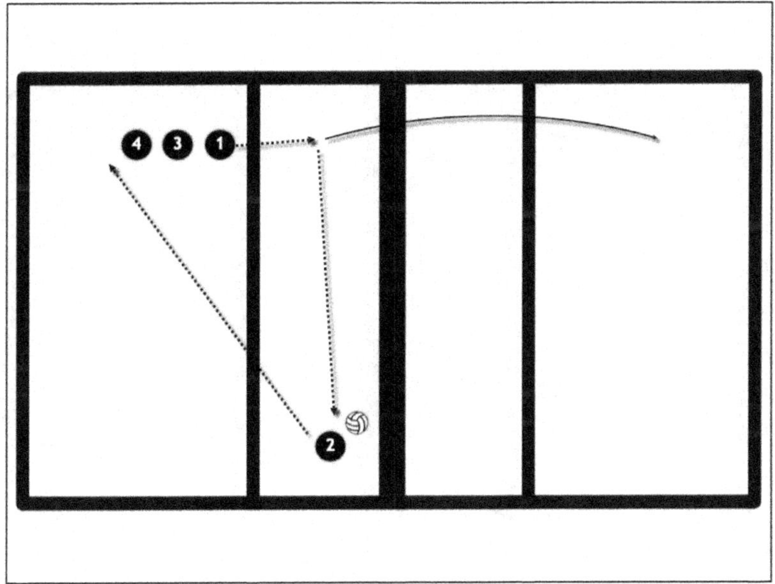

Ejercicio Nº 82	Objetivo Principal	Asimilar el gesto técnico del remate
	Objetivos Secundarios	Buscar la perfección del remate, el timing , rematar en diferentes zonas del campo y coordinación de pasos.
Medios Técnico-Tácticos	Remate	
Jugadores	6 jugadores	Campo	18x9
Material	2 balones y red	Tiempo	10 min
Explicación		

Los jugadores se repartirán a los dos lados del campo. En una mitad del campo se colocarán dos atacantes, uno se colocará detrás de la línea de ataque de zona II y otro igual pero de la zona IV y por último habrás otro dos jugadores que harán de colocador en zona III, uno a cada atacante. Comienza uno de los dos atacantes deberá hacer una carrera de aproximación el jugador de zona III le hará una colocación y entonces rematará a zona VI del campo contrario. Una vez realizado el remate, el jugador que lo ha efectuado pasa a colocar y el colocador se colocará en la fila para rematar. El atacante de al lado y los otros jugadores del campo contrario realizarán el mismo proceso.

Observaciones

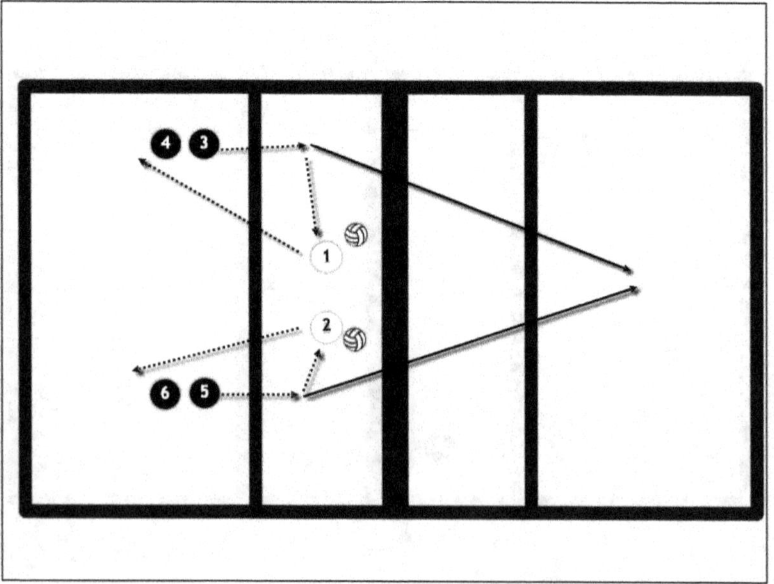

Ejercicio Nº 83	Objetivo Principal	Asimilar la técnica bloqueo	
	Objetivos Secundarios	Coordinación desplazamiento-salto (bloqueo)	
Medios Técnico-Tácticos	Bloqueo		
Jugadores	4 jugadores	Campo	18x9m
Material	Red	Tiempo	10 min
Explicación			

El jugador realiza una imitación de bloqueo, después de hacer un paso añadido a la derecha. Se hace lo mismo a lo largo de toda la red, pero primero con dos pasos y luego con tres a lo largo de la red. Cada vez que se añade un paso, se incrementa la velocidad de los desplazamientos.

El resto de los compañeros de equipo esperan en fila su turno. Si el número de jugadores es grande se pueden utilizar ambos lados de la red.

Observaciones

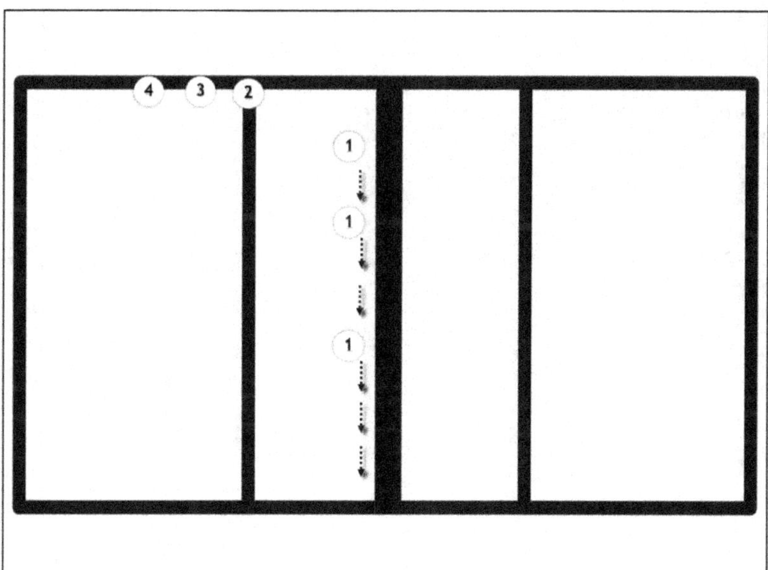

Ejercicio Nº 84	Objetivo Principal	Asimilar la técnica de bloqueo	
	Objetivos Secundarios	Coordinación: aproximación en carrera frontal-salto	
Medios Técnico-Tácticos	Bloqueo		
Jugadores	4 jugadores	Campo	18x9m
Material	Red	Tiempo	10 min
Explicación			

El jugador está en 3 metros, se acerca a la red en carrera, y realiza una imitación de bloqueo. Cuando lo ha hecho se dirige a la zona donde ha empezado, da un paso a la derecha y lo repite, y así hasta llegar al final de la red, y empezar por el otro lado. Cuando haya un poco de distancia el compañero saldrá a realizar el ejercicio.

Observaciones

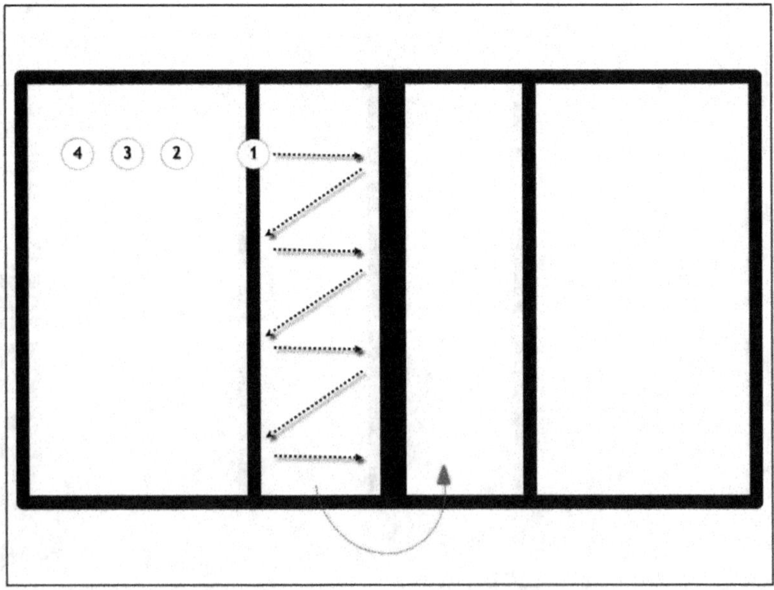

Ejercicio Nº 85	Objetivo Principal	Asimilar la técnica bloqueo
	Objetivos Secundarios	Coordinación: aproximación en carrera diagonal-salto
Medios Técnico-Tácticos	Bloqueo	
Jugadores	4 jugadores	Campo	18x9m
Material	Red	Tiempo	10 min

Explicación
El jugador está a unos 2-3 metros de la red, se acerca a ella en carrera diagonal (30-40°), y realiza una imitación de bloqueo. Cuando lo ha hecho se dirige a la zona donde ha empezado, da un paso a la derecha y lo repite, y así hasta llegar al final de la red, y empezar por el otro lado. Cuando haya un poco de distancia el compañero saldrá a realizar el ejercicio.
Observaciones

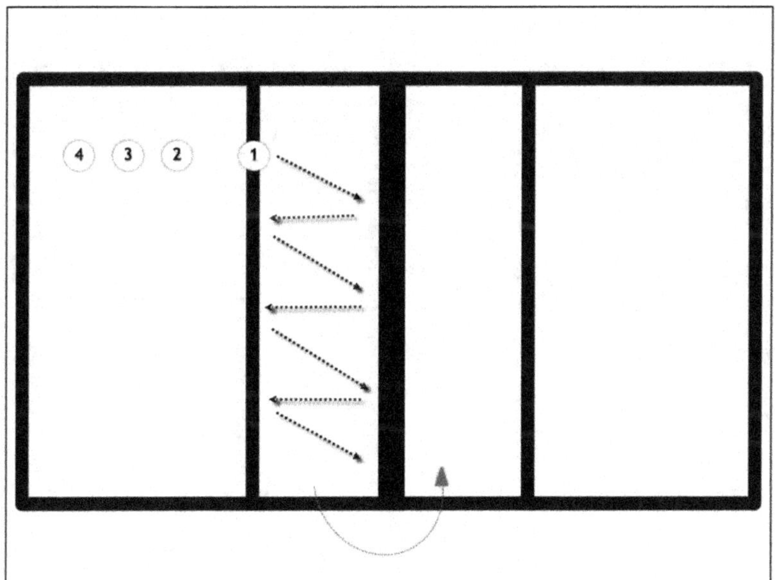

Ejercicio Nº 86	Objetivo Principal	Asimilar la técnica de bloqueo	
	Objetivos Secundarios	Coordinación, potencia	
Medios Técnico-Tácticos	Bloqueo		
Jugadores	12 jugador	Campo	18x9m
Material	Red	Tiempo	10 min

Explicación

Los jugadores por parejas se colocan a ambos lados de la red. La distancia entre ellos es de 2 metros, ambos se desplazan a la vez acercándose a la red y saltan al bloque juntando sus manos por encima. El ejercicio se repite 4-5 veces.

Es importante que los jugadores comprendan lo peligroso que es invadir el campo contrario y las lesiones que pueden ocasionar a los compañeros, por eso hay que hacer mucho hincapié en que se ejecute la técnica correctamente.

Observaciones

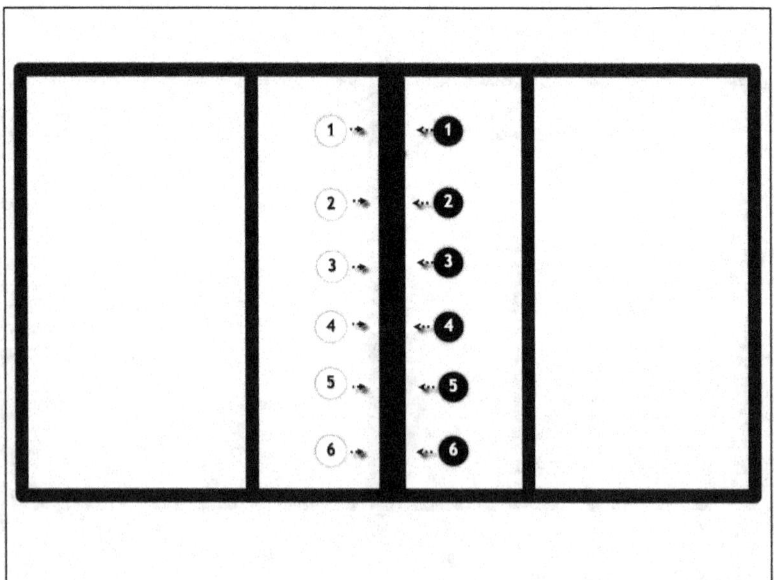

Ejercicio Nº 86	Objetivo Principal	Asimilar la técnica de bloqueo
	Objetivos Secundarios	Coordinación: aproximación en carrera frontal-salto
Medios Técnico-Tácticos	Bloqueo	
Jugadores	12 jugador	Campo	18x9m
Material	Red	Tiempo	10 min
Explicación			

Los jugadores por parejas se colocan a ambos lados de la red. La distancia entre ellos es de 2 metros, ambos se desplazan a la vez acercándose a la red a derecha e izquierda, respectivamente y viceversa y saltan al bloqueo juntando sus manos por encima. El ejercicio se repite 4-5 veces.

Es importante que los jugadores comprendan lo peligroso que es invadir el campo contrario y las lesiones que pueden ocasionar a los compañeros, por eso hay que hacer mucho hincapié en que se ejecute la técnica correctamente.

Observaciones

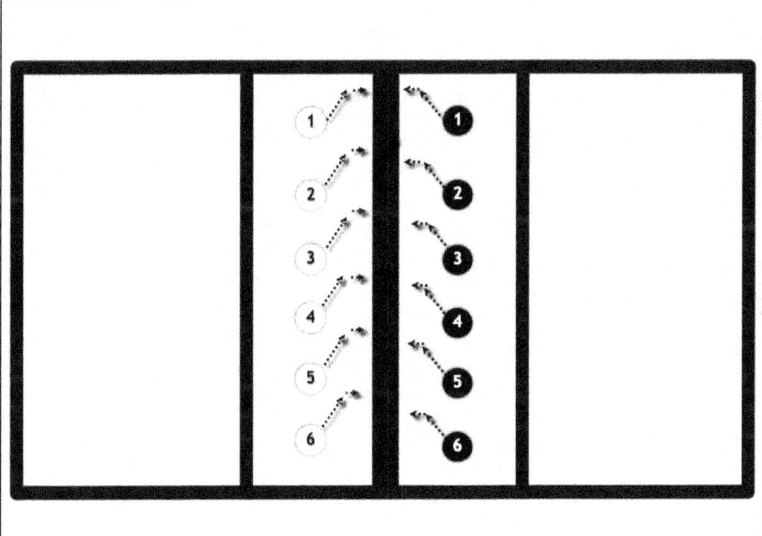

Ejercicio Nº 88	Objetivo Principal	Asimilar el gesto técnico de bloqueo	
	Objetivos Secundarios	Buscar la perfección y altura del bloqueo	
Medios Técnico-Tácticos	Bloqueo		
Jugadores	2 jugadores	Campo	18x9
Material	red	Tiempo	5 min
Explicación			
Habrá dos jugadores que se colocarán cada uno en una mitad del campo pegados a la red. Tendrán que colocarse uno en frente del otro con la red de por medio. A continuación se desplazarán dos pasos hacia la derecha y seguidamente saltarán simultáneamente con los brazos estirados hacia arriba y cuando estén en el aire deben tocarse sus manos. Repetirán este proceso hasta el final de la red y después volverán a la fila.			
Observaciones			

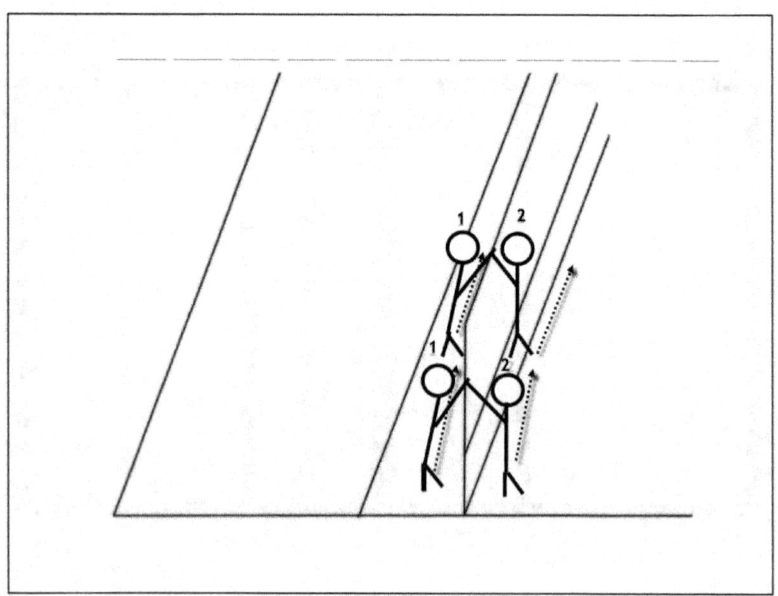

Ejercicio Nº 89	Objetivo Principal	Asimilar el gesto técnico de bloqueo
	Objetivos Secundarios	Buscar la perfección y timing del bloqueo doble

Medios Técnico-Tácticos	Bloqueo		
Jugadores	2 jugadores	Campo	9x9
Material	red	Tiempo	7 min

Explicación

Se colocarán en una mitad del campo 2 jugadores uno al lado de otro hombro con hombro mirando y pegados a la red. Estarán separados entre ellos un metro y de la red unos pocos centímetros. Deben realizar un bloqueo doble, es decir, saltando los dos simultáneamente. A continuación deben desplazarse los dos con un paso a la derecha y volver a realizar otro bloqueo y así hasta que lleguen al final de la red, después volverán a la fila para volver a realizarlo.

Observaciones	Es muy importante el timing y que la manos siempre estén preparadas colocando los brazos semiflexionados y las manos mirando hacia la red para tener mayor capacidad de reacción.

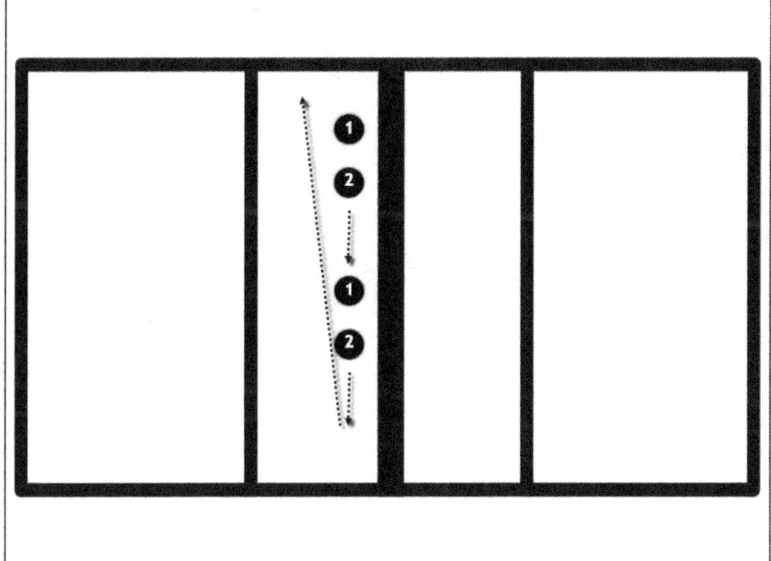

Ejercicio Nº 90	Objetivo Principal	Asimilar el gesto técnico de bloqueo
	Objetivos Secundarios	Buscar la perfección y timing del bloqueo doble
Medios Técnico-Tácticos	Bloqueo	
Jugadores	2 jugadores	Campo	9x9
Material	red	Tiempo	5 min
Explicación			

Se colocarán en zona III 2 jugadores uno al lado del otro separados a un metro, pegados y mirando hacia la red. Tendrás los brazos preparados para bloquear y después tendrán que desplazarse ambos a dos pasos a la derecha y saltar simultáneamente al bloqueo. A continuación harán lo mismo pero dando dos pasos a la izquierda. Deberán hacer 5-6 repeticiones.

Observaciones

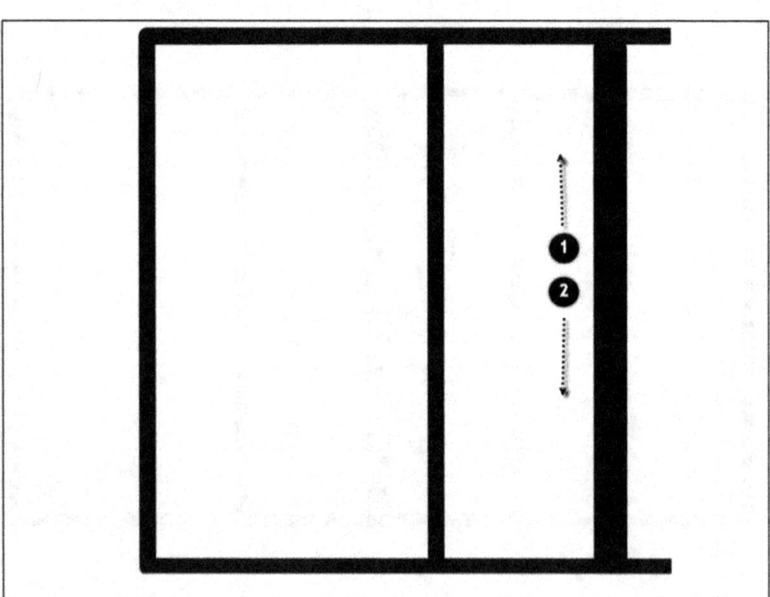

Ejercicio Nº 91	Objetivo Principal	Asimilar el gesto técnico de bloqueo
	Objetivos Secundarios	Buscar la perfección y timing del bloqueo doble
Medios Técnico-Tácticos	Bloqueo	
Jugadores	2 jugadores	Campo	9x9
Material	red	Tiempo	5 min

Explicación
Se colocarán dos bloqueadores pegados en la red y uno al lado del otro con una separación de 2-3 metros de separación. Deben coordinarse para primero realizar un bloqueo en el que uno de los jugadores se quedará en zona IV fijo y el otro jugador desde zona III tendrá que desplazarse hacia su compañero y saltar simultáneamente (situación A). Deben repetir este gesto 5 veces y después tendrán que hacer otras 5 repeticiones separándose unos 2-3 metros, pero esta vez los dos se desplazarán al centro para bloquear a la vez (situación B).
Observaciones

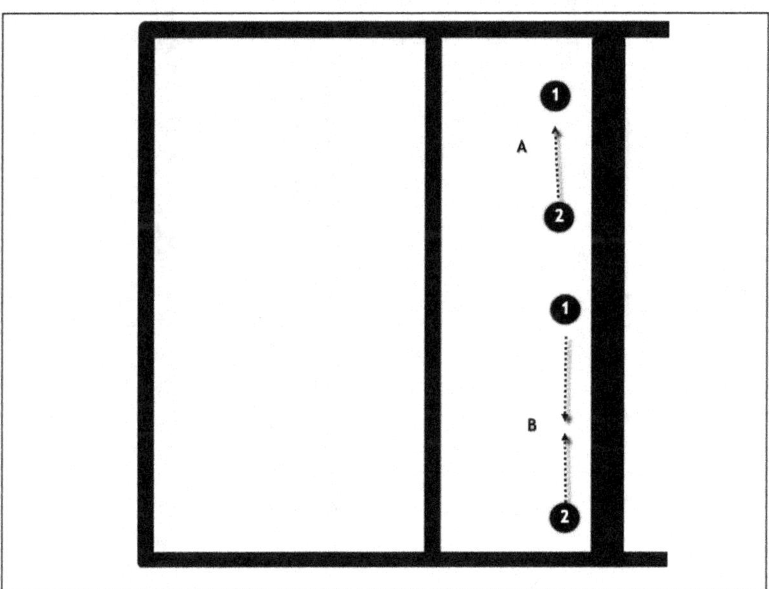

Ejercicio Nº 92	Objetivo Principal	Asimilar el gesto técnico de bloqueo
	Objetivos Secundarios	Buscar la perfección y timing del bloqueo doble

Medios Técnico-Tácticos	Bloqueo		
Jugadores	2 jugadores	Campo	9x9
Material	red	Tiempo	6 min

Explicación
Habrá dos bloqueadores. Uno se colocará pegado a la red y el otro se colocará a 2-2,5 metros separado de él. El jugador de la red se quedará fijo en esa posición mientras que el otro compañero se tendrá que desplazar hacia la red al lado de su compañero y hacer un bloqueo simultáneo. A los 6-7 repeticiones cambiarán el rol de jugadores.

Observaciones	

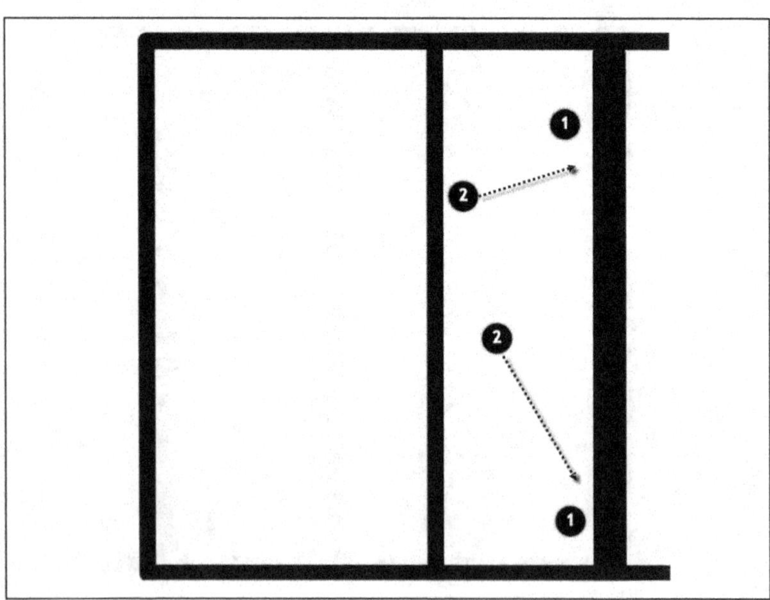

Ejercicio Nº 93	Objetivo Principal	Asimilar la técnica de bloqueo
	Objetivos Secundarios	Bloqueo frente a tres atacantes
Medios Técnico-Tácticos	Bloqueo, pase de dedos (colocación), remate	
Jugadores	5 jugadores	Campo	18x9m
Material	3 balones, red	Tiempo	20 min

Explicación

6 le lanza el balón a 2 que lo puede colocar de dedos a zona IV, III o II, y 1 se desplaza si es necesario y realiza un bloque al ataque. Se puede hacer de dos formas diferentes, que 1 se quién va a atacar, o que no lo sepa y tenga que trabajar la amplitud del campo visual y la velocidad de reacción.

Tras 2-3 remates de todos los atacantes se cambia uno por el jugador que bloquea.

Observaciones

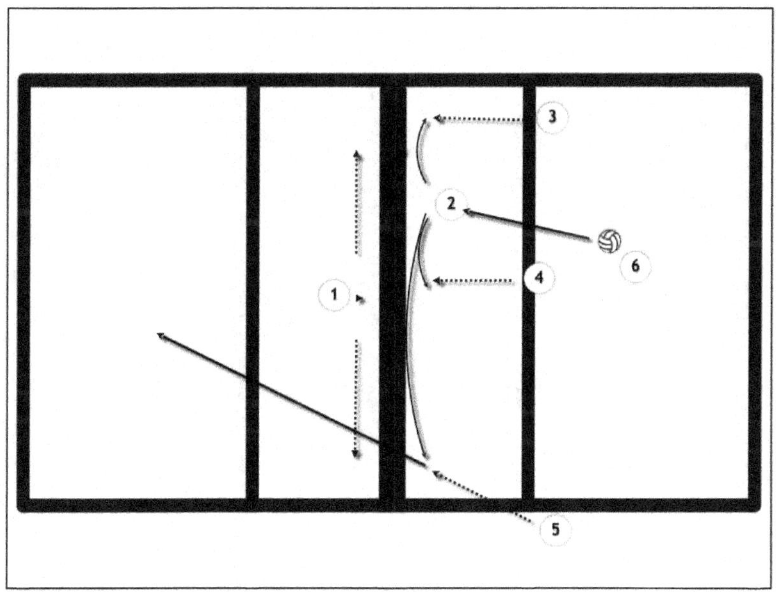

Ejercicio Nº 94	Objetivo Principal	Táctica de balones free
	Objetivos Secundarios	Penetración del colocador
Medios Técnico-Tácticos	Bloqueo, pase de dedos (colocación), remate	
Jugadores	6 jugadores	Campo	18x9m
Material	3 balones, red	Tiempo	20 min
Explicación		

El entrenador les pasa el balón a los dos zagueros (5 y 6) y estos pasan un balón Free o fácil (bombeado) al campo contrario, y los delanteros retroceden rápidamente a tres metros aproximadamente para defender ese balón. En ese mismo instante, el colocador zaguero (1) penetra para colocar la bola a uno de los atacantes. Ahí acaba el ejercicio, se repite 5 veces en las mismas posiciones y se rota para que todos pasen por todas las posiciones

Observaciones

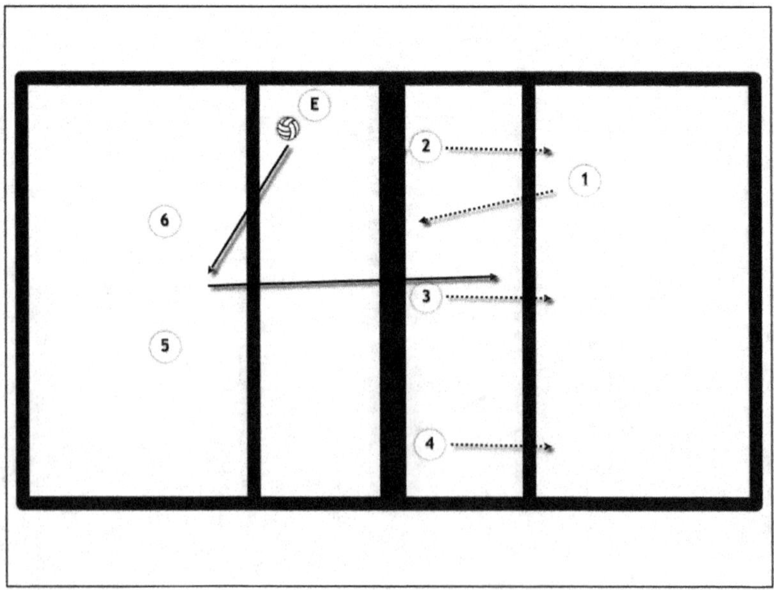

Ejercicio Nº 97	Objetivo Principal	Trabajar la táctica en defensa
	Objetivos Secundarios	Coordinar bloqueo con defensa zaguera

Medios Técnico-Tácticos	Bloqueo, pase de dedos (colocación), remate, pase de antebrazos (defensa)		
Jugadores	9 jugadores	Campo	18x9m
Material	Carro de balones, red	Tiempo	20 min

Explicación

6 le lanza el balón a 2 que lo puede colocar de dedos a zona IV, III o II, y 1 se desplaza si es necesario y realiza un bloque al ataque. 7,8 y 9 Deben bascular y orientarse al ataque para defender el remate, teniendo en cuenta qué está tapando el bloqueo (línea o diagonal). Se puede hacer de dos formas diferentes, que 1 se quién va a atacar, o que no lo sepa y tenga que trabajar la amplitud del campo visual y la velocidad de reacción.

Tras 2-3 remates de todos los atacantes rotan los jugadores para pasar por todas las posiciones.

Observaciones

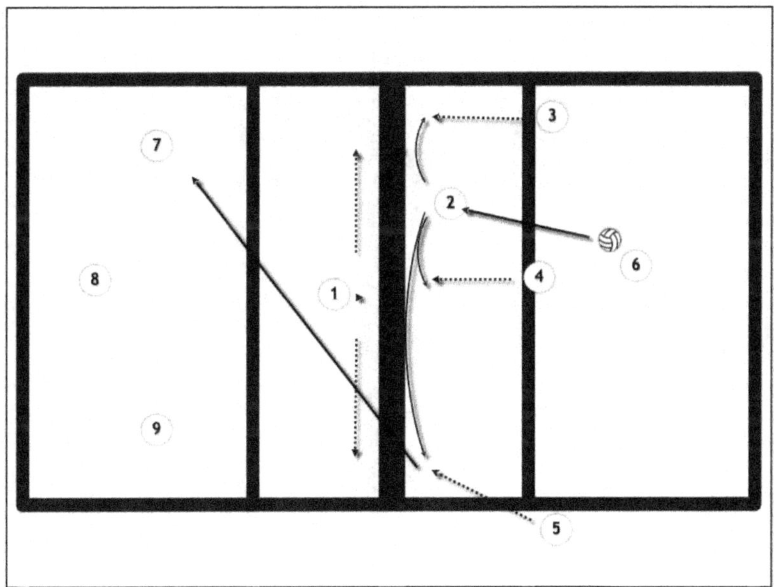

Ejercicio Nº 98	Objetivo Principal	Trabajar el bloqueo doble
	Objetivos Secundarios	Basculación en defensa del zaguero en VI
Medios Técnico-Tácticos	Bloqueo doble, pase de dedos (colocación), remate, pase de antebrazos (defensa)	
Jugadores	9 jugadores	Campo	18x9m
Material	Carro de balones, red	Tiempo	20 min
Explicación		

6 le lanza el balón a 2 que lo puede colocar de dedos a zona IV, III o II, y 1 se desplaza si es necesario y se une a los compañeros que están en las alas (7 y 8) para realizar un bloqueo doble al ataque. 9 deberá leer el juego y bascular para defender lo mejor posible todos los ataques. Se puede hacer de dos formas diferentes, que 1 se quién va a atacar, o que no lo sepa y tenga que trabajar la amplitud del campo visual y la velocidad de reacción.

Tras 2-3 remates de todos los atacantes los jugadores rotan para pasar por todas las posiciones.

Observaciones

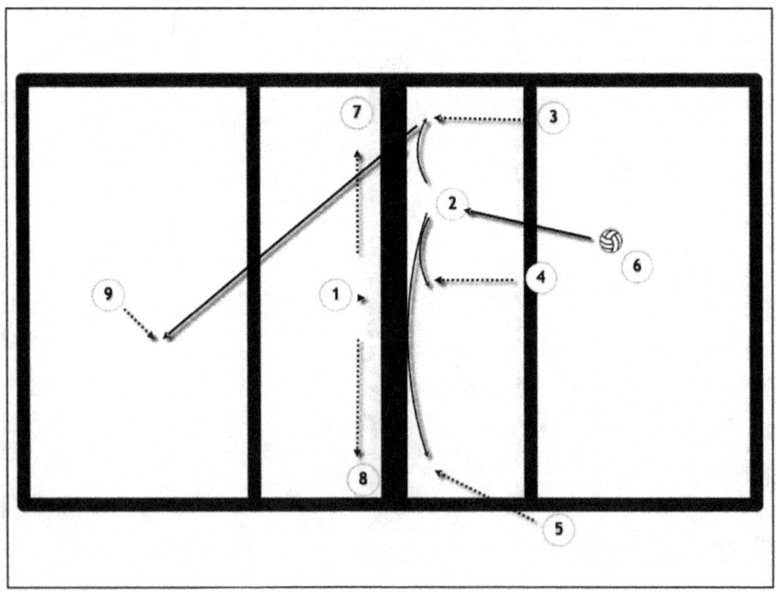

Ejercicio Nº 95	Objetivo Principal	Trabajar la táctica de ataque
	Objetivos Secundarios	Aplicar los gestos técnicos dentro de una situación de juego
Medios Técnico-Tácticos	Pase de dedos (colocación) y pase de antebrazos	
Jugadores	5 jugadores	Campo	9x9
Material	1 balón y red	Tiempo	10 min

Explicación
Habrá 4 jugadores y un entrenador. Comienza el entrenador desde zona VI lanzándole un balón al jugador 1 este se desplaza hacia la red para hacerle un pase de dedos alto al jugador 2, este le hace un pase de dedos largo al jugador 3, este le hace un pase de antebrazos al jugador 4 y entre entra a rematar. Cuando lo hayan repetido 5 veces cambiarán los roles.

Observaciones

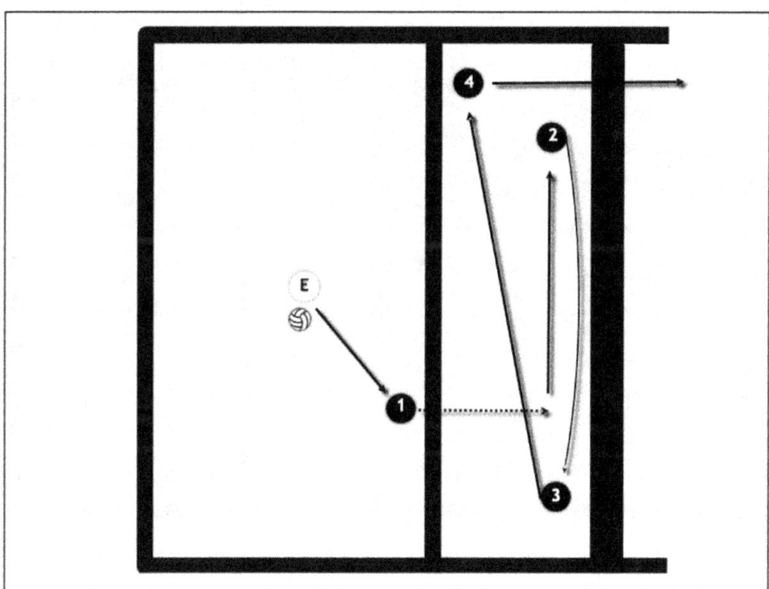

Ejercicio Nº 96	Objetivo Principal	Trabajar la táctica de ataque
	Objetivos Secundarios	Aplicar los gestos técnicos dentro de una situación de juego
Medios Técnico-Tácticos	Pase de dedos (colocación) y pase de antebrazos	
Jugadores	6 jugadores	Campo	9x9
Material	1 balón, 4 conos y red	Tiempo	8 min
Explicación		

Se hará una competición de 3 contra 3 con una campo delimitado por conos. Un jugador será el colocador y se dispondrá en zona III, los otros dos se colocarán detrás de la línea de ataque. Comienza sacando uno de los jugadores los del equipo contrario deben recibirla obligatoriamente de antebrazos pasársela al colocador y este al otro jugador que no ha recibido para que remate. Jugarán al mejor de 10 punto y en cada punto que ganen rotarán en sentido de las agujas del reloj.

Observaciones

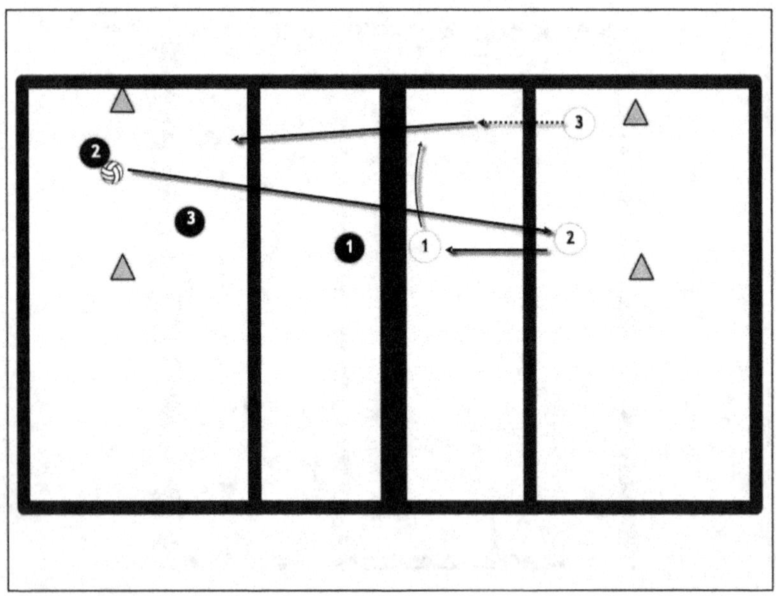

Ejercicio Nº 99	Objetivo Principal	Trabajar la táctica de ataque y defensa
	Objetivos Secundarios	Aplicar los gestos técnicos- tácticos dentro de una situación de juego
Medios Técnico-Tácticos	Bloqueo, pase de dedos (colocación) y pase de antebrazos	
Jugadores	12 jugadores	Campo	18x9
Material	1 balón	Tiempo	15 min

Explicación

Se colocarán 6 jugadores en cada mitad del campo y posicionados en una zona específica. Comenzará sacando uno de los jugadores del grupo. A continuación, un jugador del otro equipo defiende el balón se la pasa a su compañero para que se la coloque y rematar desde zona VI. Jugarán al mejor de 15 puntos con diferencia de 2 puntos. Cada vez que metan punto giraran en sentido de las agujas del reloj, así pasarán por todas las zonas del campo. Podrán utilizar cualquier gestos técnicos que ya hayan aprendido (bloqueo, pase de dedos, pase de antebrazos y remate).

Observaciones

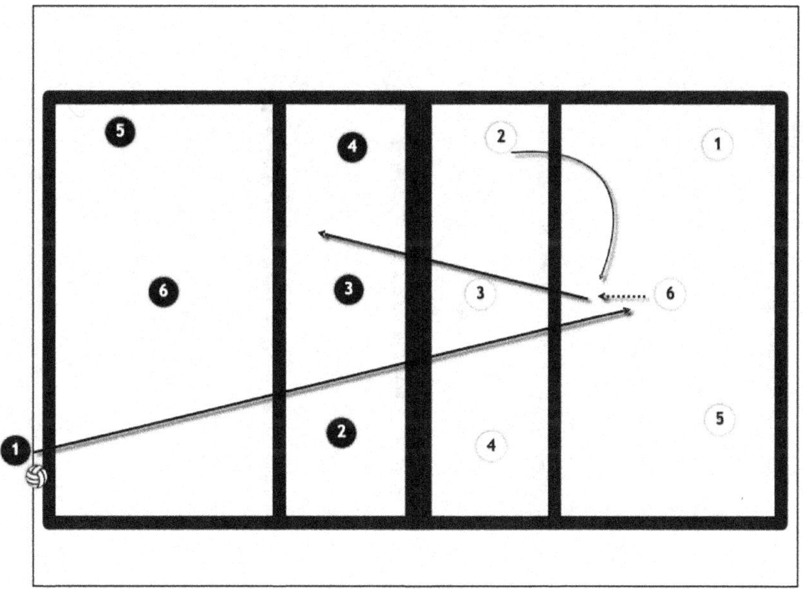

Ejercicio Nº 100	Objetivo Principal	Trabajar la táctica de ataque y defensa
	Objetivos Secundarios	Aplicar los gestos técnicos dentro de una situación de juego
Medios Técnico-Tácticos	Bloqueo, pase de dedos (colocación), pase de antebrazos, remate	
Jugadores	12 jugadores	Campo	18x9
Material	1 balón y red	Tiempo	20 min

Explicación

Se colocarán 6 jugadores en cada mitad del campo. Comenzará sacando el jugador de uno de los dos grupos y jugarán al mejor de 25 puntos con diferencia de dos puntos. Cada jugador tendrán su puesto específico y deberán rotar en sentido de las agujas del reloj cada vez que anoten punto. En este ejercicio estará permitido el remate de zaguero, es decir, por detrás de la línea de ataque.

Observaciones	

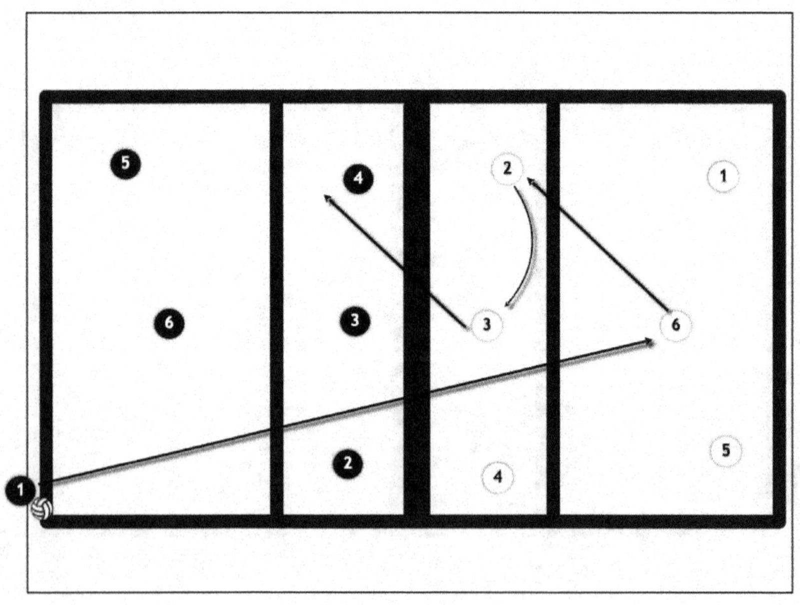